세상은 **당신의 이야기**를 기다린다

세상은 **당신의 이야기**를 기다린다

초판 1쇄 인쇄 2015. 3. 1.
초판 2쇄 발행 2016. 4. 4.

지은이 봉은희
펴낸이 김순희
펴낸곳 해피데이
주 소 서울특별시 영등포구 여의대방로 43라길 9
전 화 02)895-7731
팩 스 0505)116-9977
등 록 제18-154호 2004. 1. 12.

ISBN 978-89-91078-34 03710
책 값은 뒤표지에 있습니다. 잘못된 책은 교환해 드립니다.

세상은 당신의 이야기를 기다린다

봉은희 작가의 북코칭

봉은희 지음

해피데이

봉은희 작가는 평범한 이웃들에게
손을 내민다.
당신의 이야기를 쓰라고

●● 이 책은 말한다.
'누구나 글을 쓸 수 있다'고.

사람들은 누구나 한두 보따리의 이야깃거리를 가슴에 품고 살아간다. 답답하고 억울했던 기억, 돌아가고 싶은 그리운 시절, 아무에게도 말하지 못하고 감춰왔던 가슴앓이의 사연. 그것들은 남의 이야기가 아니라 내 삶의 생생한 이야기다. 그러나 돌아볼 사연이 많다고 해서 누구나 글을 쓸 수 있는 것은 아니다. 몇 줄의 짧은 글, 편지지 한 장에 일상을 풀어놓는 것이라면 가능하겠지만, 내 가슴 속 깊은 사연들을 밖으로 꺼내놓는 일은 결코 쉬운 일이 아니다.

그러나, 이 책은 말한다.
'누구나 책을 낼 수 있다'고.

누구나 글을 잘 쓸 수는 없지만, 누구나 자신의 이야기는 할 수 있다. 지난 세월 동안 자신의 가슴속에 억압해왔던 삶의 응어리를 풀어낼 때 우리는 비로소 환한 세상과 만날 수 있다. 이렇게 글로 풀어낸 삶의 응어리를 보며 우리는 새로운 삶을 가꿔갈 힘을 얻는다. 자서전 쓰기는 그런 것이다. 자신의 삶을 돌아보며 새 삶의 활력을 높이는 작업.

저자는 문학도를 위해 이 책을 쓴 것이 아니다. 봉은희 작가는 낮은 곳에서 겸허하게 살아온 평범한 이웃들에게 손을 내민다. 하여, 그들이 살아온 이야기를 펼칠 수 있도록, 그들이 펜을 들 수 있도록 이끌어준다. 글을 쓰고 책을 출간하는 일은 누구나 할 수 없는 일이지만, 이 책을 읽으며 우리는 자신의 삶을 풀어낼 용기를 얻게 될 것이다.

시인 **이 명 재**

● ● ●

그녀는 책 쓰기에 관한 한
'브리꼴레르'다

　●● 봉은희 작가와의 만남은 2010년 12월, 진천군평생학습센터에서 〈자서전작가 양성과정〉을 운영하기 위한 준비특강에서였다. 이 특강은 〈자서전작가 양성프로그램〉의 개설 가능성을 확인하기 위한 포석 프로그램이었다.

　진천군은 당시 6만여 명의 인구를 지닌 작은 도시여서 이 프로그램에 참여할 주민들의 호응이 중요했다. 특강에 참여한 인원은 40여 명 정도로 관심이 높았고, 이듬해 봄 프로그램을 정식으로 개강할 때에는 그 인원이 빠짐없이 참석해 강의실에 빈자리가 없을 정도였다. 이는 일반인이 자서전 작가가 되는 것을 그녀가 얼마나 세밀하고도 설득력 있게 안내했는지 확인할 수 있는 대목이다.

　봉은희 작가가 이끈 자서전작가 양성과정에서는 첫 해 15명의 자서전작가를 배출하였다. 개인사정으로 중도에 포기하거나 원고 부족으로 미처 출판에 이르지 못한 분들도 있었지만, 1년이 채 되지 않은 기간 동안 프로그램 참여자와 혼연일체가 되어 책이 출간될 수 있도록 열정을 다하는 모습을 고스란히 옆에서 지켜보았다. 그리고 진천군은 첫해의 성과와 군민의 관심을 반영, 2013년에 다시 초청해 자서전 쓰기 과정 2기를 열어 12명의 자서전 작가를 추가 배출했다.

그녀의 글쓰기 강의는 한마디로 열정이었다. 글쓰기에 대한 철학과 소신이 없다면 열정도 없었을 것이다. 그녀의 철학과 열정이 이 책에 오롯이 녹아 있다. 이 책은 글쓰기를 두려워하는 사람이나 내 인생을 기록해서 언젠가 책으로 남기고자 하는 사람에게 좋은 길잡이가 될 것이다. 그것은 단순히 글쓰기를 지도한 분이 아닌, 여러 사람의 글이 책으로 나오도록 총체적으로 연출한 이의 생생한 경험이기 때문이다. 따라서 시중에 나와 있는 수많은 글쓰기 이론서보다 여러 면에서 더 현실적으로 도움이 될 것이라 확신한다.

그녀는 책 쓰기에 관한 한 '브리꼴레르'다.

진천군평생학습센터 평생교육사 **어 재 영**

---

* 브리꼴레르 : 자유로운 사고로 세상을 열어가는 융합형 인재, 새로운 지식인을 일컬음

• • •

봉은희작가의 글쓰기 인생

●● 문학이나 예술이 기를 펴지 못 하는 요즘의 각박한 현실 속에서 봉은희 작가는 자신의 세계를 끊임없이 갈고 닦아 이젠 다른 이들에게 또 하나의 길을 내어주는, 드물게 순수한 열정을 소유한 사람이다.

오랜 세월 글을 써온 기자·작가에서 글쓰기와 책 쓰기 전문 강사로 무대를 넓힌 그는 사람의 마음무늬를 읽을 줄 아는 센스와 연륜이 깊은 어른교육생까지도 하나로 아우를 줄 아는 탁월한 통솔력, 그리고 그만의 독특한 의사소통 방식과 개성 넘치는 글쓰기 인도방식으로 업계의 주목을 받고 있다. 이는 그가 글쓰기 지도에 대한 남다른 애정을 지니고 있다는 증거일 게다. 또한 자기 속에서 오랫동안 꿈틀대온 문학성과 타자와의 소통욕구를 글쓰기 작업과 강의를 통해 자신만의 '노래'로 풀어내고자 함이라 나는 해석한다.

글쓰기를 꿈꾸는 이들이여. 내 마음의 소망처럼, 여러분도 자신만의 꿈을 가꿔가길 바란다. 이 책이 이상을 향해 달려가는 당신의 인생에 디딤돌이 되어줄 것이다. 여기에 당신이 드나들어야 할 넓은 길과 멋진 미래가 있느니……

서양화가 **고 윤**

'삶'을 '글'로 길어내게 하는 산파

●● 봉은희 선생님이 인도하는 글쓰기 강의와 만난 건 나에게 행운이었다. 자신의 현장경험이 오롯이 담긴 강의콘텐츠와 그만의 톡톡 튀는 강의 기법은 '얼어붙은 겨울계곡을 지나 새순 돋아나는 봄을 맞이하듯' 메말랐던 나의 감성을 되살아나게 해주었다. 글쓰기를 둘러싼 다양한 이론교육과 삶의 이야기들을 통해 그는 우리들의 평범한 삶이 한 편의 글이 될 수 있게 이끌었으며, 오감을 깨우는 감성훈련을 통해 저마다 자신만의 향기가 묻어나는 창조적인 글을 쓸 수 있도록 산파 역할을 해주었다. 살면서 쉽사리 꺼내놓지 못한 마음속 이야기들을 아무런 경계 없이 나누는 가운데 우리는 함께 울고 웃었고, 조금씩 더 가벼워졌으며, 그것을 인생의 파노라마로 엮어 냈다.

그의 진솔하고 깊이 있는 글은 백 마디 말보다 더 큰 위력을 지녔다고 나는 자신한다. 또한 이에 부합하는 글을 이끌어내기 위해 오늘도 뭉클한 울림을 전하고 있을 봉은희 선생님의 열정적인 강의는 또 다른 이들의 글쓰기 도전에 불을 지피고야 말 것이다.

'앵초풀꽃 연가'의 저자 **조 성 남**

한 권의 책으로
세상과 소통하고 싶어하는
여러분에게

"이제는 글로 말하고 싶다."

짧지만 강렬한 소망이 담긴 이 말을 나는 종종 듣는다. 자신의 세계를 가진 사람들은 글을 쓰고 싶어 한다. 치열하게 살아가는 사람, 남다른 시각을 가진 사람, 굴곡진 삶을 살아온 사람일수록 자신의 삶을 활자화하고 싶어 한다. 그것은 다른 사람들이 생산해낸 이야기만으론 충족되지 않는 무언가가 자신 안에 있기 때문이다.

작가들만이 글을 쓰는 시대는 끝났다. 이 시대의 삶의 주인공이라면 누구나 글을 쓸 수 있고, 자신의 이야기를 전파하는 책의 저자가 될 수 있다. 글을 쓰는 일과 책을 내는 일은 평범한 사람에게 더욱 필요하다. 유명한 사람들이야 출판사에서 먼저 달려들지만, 평범한 우리들의 이야기는 우리가 엮어갈 수밖에 없다. 글쓰기는 결코 쉽지 않은 일이다. 하지만 자신의 소중한 삶을 엮어 책으로 만들어가는 과정은 사실 즐거운 작업이다.

이렇게 삶의 여정을 글로 쓰는 작업은 자기 이해와 자기 정화의 과정이며 자기치유의 의식이다. 우리는 글쓰기를 하면서 비틀거렸던 지난날의 자신을 만나기도 하고, 미처 깨닫지 못한 자기 삶의 검은 그림자와 맞닥뜨리기도 한다. 그러나 이러한 삶의 아픔과 어둠들은 글쓰기를 지속하는 동안 정리되고 치유된다. 글쓰기는 결국 자신을 성찰하고 타인을 헤아리며 새로운 세상으로 나아가는 통로가 되는 것이다.

'글은 곧 그 사람'이란 말이 있다. 어떤 종류의 글이든 그 글 속에는 글쓴이의 사유 과정이 담겨 있고, 글쓴이의 삶의 무늬가 드러난다. 그러하기 때문에 글은 멋지고 매끈하게 쓰는 것이 먼저가 아니다. 특히 한 사람의 생애를 기록하고 담아내는 자서전 쓰기에 있어선 더욱 그러하다. 왜곡되지 않은 삶의 자취, 내용의 진정성이 바로 자서전의 생명이며, 글의 중심인 것이다. 하여 나는 종종 강조한다. '글쓰기는 객관적이고 솔직한 자신의 모습을 보여주며, 자신의 삶을 이끌어온 생각과 가치들을 정리해볼 수 있는 시간을 제공한다.'고.
주변을 돌아보면 글을 매끈하게 짓고 다듬는 법에 대한 책들이 많고, 관련 아카데미도 많이 개설돼 있다. 글쓰기 기술만을 전문으로 가르치는 강사도 많다. 저자들은 독자의 글쓰기 역량을 키워주고 동기 부여와 함께 그들이 책을 출간하도록 돕기 위해 최선을 다했을 것이지만, 이런 글쓰기 실용서나 워크북 형태로 출간된 대부분의 책들은 지나치게 똑똑하다. 글을 똑 부러지게 쓰는 팁과 한 권의 책을 뚝딱 써내는 요령에 대해 마치 솔루션을 제공하듯 기술적인 측면을 집중적으로 다루고 있다. 글쓰기의 본질인 삶의 모습, 글쓰기에 수반되는 사고의 숙성이나 발효 과정은 건너뛴 채 '테크닉'에만 치중돼 있는 것이다. 그러나 자기 삶의 숨결을 삭혀내지 못하고 기술적인에 것에 치우친 이러한 책들은 독자의 영혼과 가슴을 적시지 못한다.

이 책도 수많은 '글쓰기와 책 쓰기' 관련서 가운데 하나다. 다만 이 책에서는 글을 쓰고 책을 펴내는 '기술'을 갈고 닦는 일 외에, 다음 두 가지를 좀 더 진지하게 짚어보려 했다.

첫째는 글쓰기가 갖는 의미와 본질에 관한 것이다. 글을 쓰는 일은 '생각의 힘'을 키우고 '논리력'을 키우는 최고의 공부이며, 그 사유를 통해 나와 소통하고 세상과 소통하는 일이다. 우리는 언어를 통해 사유하고, 그렇게 사유한 것에 따라서 행동한다. 그리고 자신이 사용해온 언어와 행동의 결과가 삶으로 나타난다. 따라서 자신의 경험과 느낌을 써가는 글쓰기 습관은 좋은 글을 쓰기 위해서뿐만 아니라, 합리적인 삶을 살아가는데 꼭 필요한 것임을 밝히고자 했다.

둘째. 글쓰기와 삶은 둘이 아닌 하나라는 점이다. 글은 자신이 살아온 삶에서 나온다. 글을 쓰고 책을 쓰는 사람이라면 자신에게 묻지 않을 수 없다. '나는 글로 남길만한 삶을 살아왔는가?'라고. 결국 글을 쓰고 책을 낸다는 것은 자신을 성찰하며 삶의 정원을 고르고 가꾸는 일이다. 이 책의 주요 메시지는 글쓰기와 삶은 결국 하나라는 것이다.

이런 까닭에 나는 이 책에서 글쓰기의 기교와 표현 방식보다는 글의 시작과 글의 중심에 무엇이 놓여있어야 하는지를 좀 더 들여다보려 노력했다. 글쓰기의 시작은 쓰고자 하는 대상에 대해 무엇을 말하고 싶은지, 그것이 자신에게 던져주는 의미는 무엇이며 그것을 어떻게 표현할 것인지를 고민하고 사유하는 것이다. 물론 글을 쓸 때 필요한 형식과 기술에 대해서도 적절히 할애하려 했다.

대부분의 사람들은 작가의 인자를 지니고 살아간다. 그리고 이 책을 보고 있는 여러분도 이미 예비 작가다. 감히 바라는 바는, 이 책이 자신의 이야기를 이제 막 쓰기 시작했거나, 자기만의 콘텐츠를 책으로 엮고자 하는 여러분의 손을 따뜻하게 잡아주는 것이다. 글쓰기를 둘러싼 책 속의 시시콜콜한 수다가 독립 작가로 입문하고자 하는 여러분에게 작은 등불이 되어 주길 희망한다.

봉은희

| Contents |

1장 글쓰기와 **맛있는** 수다

1장 글쓰기와 **맛있는** 수다

글쓰기와 맛있는 수다

1장

현대인과
글쓰기 능력의 중요성

세상의 변화속도는 나날이 빨라지고 있다. 하지만 과거시험을 보던 옛날이나 IT분야의 발전이 하루가 다르게 세상을 바꿔놓는 21세기에도 변하지 않는 인식이 있다. 바로 글쓰기의 중요성이다. 인류 역사상 자신의 생각을 차분하게 펼치거나 주장하고 싶은 바를 설득력 있게 표현하는데 글보다 더 좋은 수단이 있었던가.

오늘날엔 문학가나 저널리스트에게만 글쓰기 능력이 필요한 것이 아니다. 일반인 모두에게 필요한 것이 글쓰기 능력이다. 탁월한 실력은 아니더라도 일상적인 사업보고서나 제안서, 발표자료 준비 등을 일상의 업무로 수행해야 하는 현대인에게 어느 정도의 문서 작성 능력은 필수조건이 되었다.

더욱이 개인 홈페이지나 블로그, SNS 등을 통해 자기 존재를 알리고 상대에게 친근하게 다가가고자 하는 개인적인 욕구가 보편화되면서, 글쓰기의 중요성은 더한층 강조되고 있다. 이제 논리적으로 사고하고 설득력 있게 자기를 표현하는 문서작성 능력은 사회생활에서 필수적인 덕목이 돼버린 것이다. 어쩌면 멀지않은 미래에는 '글쓰기'만이 인간이 발휘할 수 있는 중요한 스펙이 될 지도 모른다. 그러므로 어떤 일에 종사하든, 글쓰기 역량만큼은 반드시 키우고 볼 일이다.

글쓰기 실력은 '글쓰기'를 통해서 길러진다

그런데 '글을 잘 쓰는 것'은 작가나 인문학 전공자에게나 해당될 뿐, 일반 사람과는 별반 상관이 없다고 생각하는 이들이 있다. 어떤 사람은 '요즘 같은 디지털시대에 수고스럽게 글을 쓰고 기록할 일이 뭐 있겠냐?'고 반문하기도 한다.

하지만 그들도 알고 있을 것이다. 언뜻 보아 '글(文)과 거리가 있을 것 같은' 비전공자가 글을 잘 쓰거나 책을 펴냄으로써, 한결 돋보이고 시너지 효과 또한 크게 거두고 있다는 것을. 생물학자 최재천 교수나 풍수지리학자 최창조 교수, 의사 박경철 씨 등이 대표적인 주인공이라 하겠다. 이들은 본업 외에 TV 출연이나 외부 강연 등을 통해 대중들과 소통하면서 이 시대의 영향력 있는 오피니언 리더가 되었다. 그 바탕에는 기고와 저서 출간을 통해 자신의 관심 분야를 드러내는 '글쓰기'가 있었던 것이다.

글은 많은 것을 담아낸다. 글을 읽다보면 글쓴이의 지식과 생각, 논리와 경험이 절로 드러난다. 심지어 우리는 글을 통해 글쓴이의 성향과 인품까지도 엿볼 수 있다. 한마디로 글은 그 사람 자체다. 물론 글과 글쓴이의 인품이 반드시 비례하진 않으므로 글이 훌륭하다고 해서 반드시 글쓴이도 훌륭할 거라 예단하는 것은 옳지 않다. 그러나 정치에 입문하고자 하는 이들이 출사표를 던지기 전에 개인의 소신과 이력을 담은 책을 펴내 출판기념회를 여는 까닭도 자신의 이력과 인품을 광고하려는 데에 있다.

거듭 강조하는 것은 생활 속의 글쓰기가 삶을 간결하게, 그리고 힘 있게 만들어 주는 소중한 매개체가 될 수 있다는 점이다. 문제는 평소에 심리적 거리를 둬왔던 글쓰기를 어떻게 생활의 한 부분으로 끌어오느냐이다. 정교한 글쓰기 능력이 오랜 시간 강의를 듣고 관련 학위를 받아야 갖춰지는 것이라면, 쉽게 엄두를 내기 어려울 것이다.

글쓰기는 어느 정도의 재능을 요구하지만, 그보다는 어떤 자세로 글쓰기에 임하는지 마음가짐과 태도가 더 중요하다. 자신을 둘러싼 세상을 세밀하고도 촘촘한 시각으로 바라보기, 내 주변과 사회에 대한 지속적인 관심, 나의 글이 세상을 바꿔놓지는 못할지라도 누군가에게 긍정적인 영향을 줄 수 있다는 믿음, 마지막으로 꾸준히 글쓰기 훈련을 하는 것. 이것이면 충분하다.

예술과 스포츠 분야의 세계적인 인물이 갖는 공통점은 타고난 재능 위에 남다른 노력을 더한 사람들이라는 점이다. 글쓰기도 다르지 않다. 재능에 약간씩 차이는 있겠으나, 꾸준히 노력하면 누구나 좋은 글을 쓸 수 있다. 논리정연하면서 쉽게 읽히는, 소위 좋은 글은 꾸준한 연습의 산물이다.

연습은 일정한 기술을 요구하는 모든 분야에 똑같이 적용되는 비결이다. 글쓰기도 다르지 않다. 독서, 어휘, 생각, 지식, 논리 등은 좋은 글을 쓸 수 있는 요긴한 재료다. 그러나 이런 기초들을 두루 갖췄다 하더라도 자주 글을 써봐야 글 쓰는 실력이 늘어난다. 글쓰기 관련 책을 계속 습독하고 소문난 글쓰기 강좌를 아무리 좇아 다녀도, 자기가 직접 글을 써보는 습작과정을 거치지 않는다면 그간의 노력이 모두 허사다.

'무얼 쓸까, 어떻게 쓸까, 연역적으로 쓸까, 귀납적으로 쓸까' 따위를 머리로 고민하지 말고 자기가 가장 접근하기 쉬운 소재를 골라 자유롭게 써보는 것이 중요하다. 자신의 가치관을 서술해도 좋고, 그동안 보고 관찰하고 인식한 내용을 적어보는 것도 좋다. 가족이나 친구에게 편지 쓰기, 자기생애에서 중요한 사건이나 과거의 아름다운 추억, 잊지 못할 사람 등 그 무엇이라도 좋다. 아니면 그날그날에 있었던 일상사나 자기 자신과의 대화를 꾸준히 기록하는 것도 훌륭한 습작 요령이다. 써가면서 부족한 부분을 보충하고 또다시 고쳐 쓰고를 반복할 때, 글쓰기의 키가 쑥쑥 자란다. 다른 작가의 글 한편을 통째로 베껴보는 작업도 문장력을 향상시키고 작가적 심미안을 길러주는 중요한 글쓰기 학습이 되어줄 것이다.

공부와 마찬가지로 글쓰기도 기초체력이 중요하다. 폭넓은 독서, 사유하는 습관과 창의적 사고, 다양한 경험도 좋은 글의 밑

거름이 된다. 글쓰기는 생각을 글로 옮기는 것이다. 평소 생각의 정리가 필요하고, 논리적으로 생각하는 습관도 키워야 한다. 특히 논리적 사고 훈련은 글을 쓰는 데 매우 유용한데, 신문은 논리적 글쓰기 훈련에 직접적인 도움을 준다. 논설위원이 쓰는 사설이나 논단, 칼럼니스트가 쓰는 칼럼 등은 대체로 논리력을 요구하는 기승전결 식의 구조를 갖고 있다.

말하기와 글쓰기는 모두 소통이고 맥락도 같다. 따라서 말을 유창하게 잘하거나 언어생활에 걸림이 없는 사람은 글을 잘 쓸 수 있는 능력을 이미 갖고 있다고 봐도 된다. 그런데 막상 펜을 잡으면 말하는 것과 달리, 글이 잘 전개되지 않는 이유는 무엇일까? 그것은 어휘, 지식, 논리, 경험, 독서 등의 기초가 부실한 탓이다. 양질의 독서로 어휘력을 늘리고, 글 쓰는 요령을 꾸준히 익히는 게 필요하다. 글쓰기의 밑천이라면 단연 독서다.

읽기는 쓰기의 출발이다. 책을 읽으면 지식이 쌓이고, 어휘가 늘어난다. 특히 고급한 어휘와 향기로운 문장은 대부분 인문고전 속에 숨어 있다, 책을 많이 읽다보면 글을 쓰는 노하우는 저절로 습득된다. 책을 읽은 후 본문 내용을 정리하거나, 독서를 통해 느낀 점이나 새롭게 통찰한 부분들을 써보는 노력이 필요하다.

단순한 메모형식의 기록도 쌓이면 역사가 되고, 삶을 반추할 수 있는 단초가 되는 것이다.

글쓰기는
사고의 완성이다

"나는 무언가를 제대로 알고 싶을 때 책을 쓴다."

EBS 다큐멘터리로 제작 방영되어 '최고의 교수' 가운데 한 명으로 선정된 샹커 교수의 말이다. 이어 그는 덧붙였다.

"책을 쓰다보면 내가 무엇을 알고 무엇을 모르는지가 명확히 드러난다. 집필 과정에서 나 또한 배워가는 것이다."

글쓰기가 공부의 완성임을 이보다 더 명쾌하게 설명할 수 있을까? 많은 사람들은 체념한 듯 말한다.

"나는 글 쓰는 재주가 없다."

"그래서 글을 쓰지 않는다."

그런데 이 말은 '연필이 없어서 공부를 하지 않겠다'는 소리와 다름없다. 글쓰기는 모든 학문의 기본이다. 인문학이 모든 학문의 발판이듯, 글쓰기는 모든 공부의 기초다. 어학을 공부하려 해도 우리말 실력이 우선이고, 학위 논문도 논리적 글쓰기가 바탕이 되어야 한다. 회사 보고서나 프레젠테이션에 이르기까지 사실상 글쓰기가 중요하지 않은 분야는 없다. 하다못해 SNS를 통한 홍보의 기본도 글쓰기다. 미국과 유럽 학교의 커리큘럼에서 글쓰기를 가장 중요하게 다루는 것도 이런 이유에서다. 그러므로 어떤 분야에 대해서 제대로 공부하고 싶다면, 반드시 글을 써봐야 한다. 그래야 하는 두 가지 이유를 제시하고자 한다.

첫째, 글쓰기는 화룡점정(畫龍點睛)과도 같다. 그것은 그림을 완성하듯 공부를 완성하는 활동이 글쓰기이기 때문이다. 그러니 아는 것을 쓰기보다는 공부한 것을 글로 쓰는 것이 훨씬 더 현명한 방법이라 할 수 있다. 전문서적, 지식검색, 강의 등을 통해 공부를 하다보면 다양한 사실의 세계와 이론들을 접하게 되는데, 이 배움을 바탕으로 꾸준히 글을 쓰면 글쓰기 실력이 쑥쑥 자라난다. 또한 글을 쓰기 위해 공부를 하니, 사유도 촘촘해지고 나날이 지적 활용역량도 커진다. 이것이 공부를 위한 글쓰기가 주는 유익이다.

둘째, 글쓰기는 달리는 말에 채찍질을 하듯, 현재 정진하고 있는 공부에 탄력을 더해준다. 공부하다 떠오른 생각을 자신만의 언어로 정리해내는 것은 심화학습의 발판이 되고, 어떤 통찰을 가져다주거나 창의적인 아이디어로 이어지기도 한다. 나는 지난 20~30대에 대중매체 기자로 일하면서 이러한 경험들을 자주 했다. 그땐 데이터베이스가 잘 구축된 신문사 자료실에 들러 관련 자료들을 검색해보거나 참고할 만한 자료가 있으면 복사를 해오곤 했었다. 또한 정기 간행물실에 비치된 여러 도서들을 보면서 기획 아이디어를 얻곤 했는데, 이렇게 습득한 지적 역량은 글을 씀으로써 더욱 탄탄해지고 강화되는 걸 체험했다.

누군가와 인터뷰 약속이 잡혔다면, 그 사람에 대한 인물 연구와 공부는 필수다. 그래야만 제한된 시간 안에서 보다 밀도 있고 중요한 질문을 할 수 있고, 독자들에게 필요한 정보를 얻어낼 수가 있다. 의학이나 재테크 등 생활정보 관련기사를 다룰 때에도 마찬가지다. 정확한 정보를 제공하되 쉽게 익히는 기사를 독자에게 선보이려면, 관련 내용에 대해 전문가 못지않은 상식이 요구 된다. 그러니 자료수집과 충분한 공부가 수반되지 않으면 안 된다.

"그래도 쓰는 게 어려운 걸 어떡하라고요."

혹자는 이렇게 따져 물을지도 모른다. 처음 쓰는 글이 꼭 멋지거나 미려할 필요는 없다. 글을 잘 쓴다는 것은 표현의 문제만은 아니다. 문맥이나 문법에 맞고, 전하려는 내용이 명확하게 담겨 있는 글이면 그것으로 글쓰기의 시작은 충분하다. 기본적인 글쓰기에 있어 가장 중요한 능력은 자신의 경험과 생각을 자신의 관점으로 논리적이고 완결성 있게 표현해내는 것이다. 물론 글의 짜임새에 해당하는 이 논리성과 완결성은 하루아침에 이뤄지지 않는다. 많이 읽고, 폭넓게 공부하며, 깊이 사유하고, 계속해서 글을 쓰는 지난한 과정이 필요하다.

그런데 일부의 사람들이 갖고 있는 섣부른 오해가 하나 있다. 글을 쓰는 사람들은 책상 앞에 앉기만 하면, '일필휘지'로 써내려 갈 것이라 생각하는 것이다. 글쓰기를 둘러싼 이런 판타지는 대단한 오해다. 끊임없는 구상이나 사유의 과정 없이 단 번에 써내려 가는 글쓰기란 없다. 마치 기계를 작동하기 전 예열 단계를 거치는 것처럼, 책상 앞에 앉기 훨씬 전부터 그는 머릿속으로 글의 뼈대를 세우고 글감을 챙기는 치열한 시간들을 보낸다. 그럼에도 막상 노트북 앞에 앉으면, 여러 개의 문장들이 머릿속에서 맴도는데 글로는 잘 풀리지 않아 깜박거리는 커서만 우두커니 바라보거나, 첫 문장을 썼다가 지웠다가, 한 문단을 썼다가 지웠다가를 반복하며 숱한 밤을 새운다.

나를 키우는 최상의 공부법, 글쓰기

공부한 내용을 제대로 이해하고 싶거나 분명하게 개진하고자 하는 자기주장이 있다면, 그것을 체계적으로 작성한 문서를 관계하는 대상에게 내놓을 수 있어야 한다. 말로 전달하는 것에는 분명한 한계가 있으며, 신뢰도나 설득력 또한 떨어진다. 이것이 말과 다른 글의 특성이며, 장고한 세월동안 인류 문화의 꽃으로 자리매김한 글의 힘인 것이다.

글쓰기의 요령은 의외로 간단하다. 문학이 아닌 실용문의 경우, 자신이 강조하고 싶은 주요 메시지를 서두에서 단도직입적으로 쓴다. 그리고 중간 부분에서는 공부하면서 습득한 다양한 이론적 사실과 근거를 들고 추론을 하며 이야기를 풀어간다. 끝 부분에서는 본문에서 펼쳐놓았던 내용의 요약과 함께 자신의 철학과 식견을 더하여 간결하게 글을 완성한다.

　말하기와 마찬가지로 글쓰기도 논리적인 전개가 핵심이며 기본이다. 글의 품격은 이 기본을 한 후에 따져도 된다. 독자가 좀 더 이해하기 쉽게, 흥미와 감동을 느끼며 읽을 수 있게 다듬고 고치는 퇴고의 단계는 그 다음에 해도 늦지 않다. 결국 글쓰기 기술은 생각의 근육을 키우는 사유의 과정과 연결돼 있다.

　글을 쓴다는 것. 그것은 지금까지 자신이 경험하고 습득하고 통찰한 다양한 이론적 지식과 사실의 세계를 자기 관점으로 정리하는 사고의 완성이자 공부의 완결이다.

글쓰기란
사물의 이름을 불러주는 일이다

내가 그의 이름을 불러 주기 전에는
그는 다만
하나의 몸짓에 지나지 않았다.

내가 그의 이름을 불러 주었을 때
그는 나에게로 와서
꽃이 되었다.

– 김춘수의 '꽃' 중에서 –

한국인의 애송시 가운데 하나인 이 시는 사물과 이름이 갖는 의미 사이의 관계를 노래한 것이다. 아무리 아름다운 꽃이라도 우리가 그 이름을 불러주기 전에는 그저 수많은 의미 없는 사물에 지나지 않았다. 그런 사물에 대해 이름을 불러주었을 때, 비로소 그것은 나에게로 와서, 나와의 관계 속에서 꽃이 되었다.

다시 말하면, 우리가 어떤 대상에 의미를 부여하며 이름을 붙여주는 순간, 그 사물이 나에게 의미 있는 존재가 된다는 뜻이다. 우리가 대하는 사물 하나하나에 관심을 기울이고 그것의 본질을 궁구하는 삶의 자세가 중요한 이유다.

우리의 삶은 모든 순간이 귀하다. 우리가 만나는 모든 대상도 귀하디귀하다. 이것을 글로 알리는 것이 작가의 일이다. 글을 잘 쓰는 사람들의 특징을 꼽는다면, 그다지 의미 없어 보이는 삶의 작은 부분들마저도 서사적인 것으로 옮겨놓을 수 있는 능력이 있다는 점이다. 그들은 자신이 만나는 모든 사물들에게 새로이 이름을 붙여주고 그 존재 가치와 의미를 부여할 줄 안다.

싱그러운 오월의 신록을 대할 때면 창조주의 오묘한 신력에 감탄이 흘러나오고 경외심마저 든다. 따사로운 햇빛을 온몸으로 받으며 발꿈치를 치켜세우듯 생장에 집중하는 숲속 식물들의 향연. 사람보다 몇 배 더 키가 큰 전나무·소나무·아카시아·참나무·떡갈나무·산대나무가 어우러져 하늘을 향하고, 키 작은 일년생 풀꽃들도 군락을 지어 땅위에서의 상생을 도모한다. 누구를 맞이하기 위해 저리 곱고 정갈하게 단장하고 있는 것인지, 누구에게 보이려고 저리도 가녀린 허리와 푸른 가슴 내밀고 옹기종기 모여 있는 것인지. 숲속이나 숲길 그 어느 곳 하나 조화롭지 않는 곳이 없다. 그 작은 생명들에게 필자만의 색깔로 이름을 붙일 수 있는 글쓰기야말로 '독자의 가슴을 적시고 머리에 불이 켜지게 하는' 창의적 글쓰기라 할 수 있을 것이다. 이런 글에는 깊은 우물에서 퍼 올린 물맛과도 같은 청량감이 스며있다.

사랑한다는 것은 아는 것이며, 그의 이름을 불러주는 것이다. 그 사람을 아는 것, 그 꽃을 아는 것, 그 풀을 아는 것, 그 산새들을 아는 것이다. 그 이름을 부르는 것이 사랑이다. 사랑은 관심을 갖고 알아가는 데서 출발한다. 관심을 가지면 강함과 약함을 알 수 있고, 그의 강함을 함께 기뻐하며 그의 약함을 품어줄 수 있게 된다. 그것이 글쓰기이며, 또한 작가가 누릴 수 있는 특권이다.

작가들은 이 세상에 존재하는 그 무엇과 자기 주변에서 일어나는 모든 일을 재료로 해서 글을 쓴다. 그들의 눈에 의미 없이 존재하는 것이란 없다. 세상의 모든 사물들과 인생의 모든 순간들을 다른 이들에게 새로운 표현으로 각인시켜 주는 것, 그것이 작가의 임무다. 만약 평범한 일상들을 무시하고 중요하게 여기지 않는다면, 인권도 역사도 아침 안개처럼 스러지고 말 것이다. 〈승정원일기〉와 같은 조선왕조에 대한 기록이 없었다면, 조선이 5백년 이상 유지되기 어려웠을 것이다. 또한 오늘날 조선왕조를 소재로 한 그 많은 사극도 존재할 수 없었을 것이다. 조정에서 왕과 신하가 건넸던 일상의 대화는 물론이고 그들의 사소한 몸짓과 행동까지 꼼꼼하게 기록한 자료가 있었기에, 당대 왕실의 법도와 선조들의 숨결을 오늘의 우리가 접할 수 있는 것이다. 심지어는 시시콜콜한 야사까지도.

하여, 글을 쓴다는 것은 우리가 만나는 세상의 모든 대상과 모든 순간들에 대하여 의미를 부여하는 일이다. 이름을 붙여주는 일이다. 사랑과 관심을 담아 이름을 부르며, 그 이름을 오래도록 기억하게 하는 것이다. 우리가 그 대상을 기억하며 이름을 부를 때, 그것의 구체성과 실존이 글을 생생하게 만들고 살아있게 만들어 준다.

구약성경 〈느헤미야〉에는 예루살렘에 돌아온 포로 귀환자들과 성전 재건을 위하여 힘쓴 사람들의 계보와 명단이 아주 상세하게 기록되어 있다. 뿐만 아니라, 포로가 되었던 유대 백성들을 본국으로 귀환시키고 예루살렘 성전을 재건할 수 있도록 허락한 이방의 왕 이름까지도 빠뜨리지 않고 수록했다. 이스라엘 예루살렘에는 홀로코스트를 기념하는 장소인 '야드 바쉠(Yod Vashem)'이 있다. 이 기념관 옆에는 6백만 명에 이르는 희생자 이름을 정리한 도서관이 있다. 이곳에는 희생자 이름뿐 아니라, 그들이 어디에서 살았으며, 어디에서 태어났는지를 비롯해 그들에 대해서 알아볼 수 있는 모든 기록이 보관되어 있는 것이다. 실제로 야드 바쉠은 '이름을 기억하게 한다'는 뜻으로, 죽은 이들은 짐승처럼 도살되어도 상관없는 이름 없는 존재들이 아님을 엄숙히 말해주고 있다.

이렇듯 누군가의 이름을 직접 불러주고 기록한다는 것은 그들과 함께 한 모든 순간들을 추억하고 기억하는 일이다. 작가의 소임이란 지금 여기에서 우리의 삶을 이루고 있는 실체들에 대해 '거기에 그렇게 있었구나.' 알아봐 주며, '고마워. 사랑해.' '네가

있어 참 기뻐.' 말 건네며 만나는 모든 대상에게 새로운 의미를
부여하는 일인 것이다.

04

막강한 글의 힘과
경계해야 할 요소

글에는 단어와 어절이 있고, 문장과 단락이 있으며, 문법과 문맥이 있다. 그런데 이런 언어적 특성이 우리 인간의 유전자에 그대로 새겨져 있다고 하니, 참으로 경이롭지 않은가. "태초에 말씀이 계시니라….".(요한복음 1장 1절) 성경에 기록된 내용처럼 처음부터 완벽한 지적 언어가 인류의 유전자 속에 새겨져 있다는 뜻인지도 모른다.

고대에는 문자와 문서가 오직 지배계층과 소수 지식인들만의 전유물이었다. 일반인들은 글을 배우겠다는 생각을 거의 하지 못했으며 배울 수도 없었다. 그러다가 신문과 책이 점차 보급되면서 소수가 독점했던 정보가 일반대중에게 흘러들어가기 시작했다. 정보가 빠르게 전파되면서 이제는 더 이상 소수의 권력자들이 사회를 통제할 수 없게 되었다. 문명의 첨병이자 개화의 첨경이랄 수 있는 '글'이 보편화되고 대중화된 결과다. 정보통신사회가 되면서 글이 지닌 힘은 그 이전보다 훨씬 더 막강해졌다. 그

중에서도 책이나 미디어를 통한 글은 폭발적인 변화를 불러왔다. 정보통신의 발달에 힘입어 이제는 누구라도 자기 생각을 글로 표현해 세상에 내보일 수 있게 됐으며, 글 하나만으로도 막강한 영향력을 끼칠 수 있게 되었다. 익명의 네티즌이 쓴 한 편의 글이 세상을 흔들어놓는가 하면, 별 생각 없이 남긴 악성 댓글 하나가 한 사람의 운명을 뒤바꿔 놓기도 한다.

최근 미디어의 중심이 신문과 잡지 따위의 활자매체에서 TV 채널이나 인터넷 등의 영상정보로 빠르게 이동하고 있다. 그러나 활자매체는 여전히 모든 문화의 꽃이다. 앞으로 영상정보시장이 아무리 커진다 해도, 인류문화에서 신문과 소설이 사라질 순 없다고 생각한다. 그중에서도 신문은 우리 생활의 전 영역에서 그 무엇으로도 대신할 수 없는 기능적 역할을 담당해 왔다. 'TV뉴스 30분을 다 받아써도 뉴욕타임스 한 면의 절반도 안 된다'는 이야기도 있다.

잉크냄새가 나는 신문이나 소설책의 검은 활자는 뭔지 모를 신뢰와 여운을 안겨주고, 입체적인 형상과 총 천연의 상상력을 우리 안에서 끌어낸다. 그리하여 책 속의 검은 활자가 HDTV의 화려하고 눈부신 천연색보다 더 아름답게 느껴질 때가 있다. 배우의 화려한 대사나 정치가의 현란한 화술보다는 소설가의 낡은 노트북 자판이 더 믿음직스럽고, 시인의 소박한 시집 속에 가지런히 누워있는 글 한 줄이 내겐 더 따스하고 정겹다. 그것은 활자가 갖는 은근함과 느림, 지속성의 매력 때문이리라.

글쓰기는 글이 지닌 '은근한 힘'을 깨닫는 과정이 우선되어야 할 것 같다. 좋은 글은 사람들의 잠자는 의식을 흔들어 깨우기도 하고, 가려진 진실을 밝혀내기도 하며, 실의에 빠진 사람에게 희망과 용기와 새로이 도전할 수 있는 힘을 준다. 반면에 어떤 글은 사람을 해치거나 평생 씻을 수 없는 마음의 상처를 입혀 망가뜨리게도 한다. 사람을 살리고 공동체를 세우는 글이 있는가 하면, 개인과 단체와 국가에 해악을 끼치는 글도 있다. 글쓰기에 앞서 이성적이고 객관적인 사고를 지향해야하는 이유가 여기에 있다. 말로 사단을 일으키는 것도 경계해야 하겠지만, 충분히 숙고하지 않고 글을 다룰 경우 자칫 빚어질 수 있는 '필화사건'에 대해서도 생각해 볼 일이다.

자신의 글이 타인에게 감동을 주고 사람들의 생각에 깊은 영향을 줄 수 있다는 믿음이나 자긍심 못지않게 중요한 것, 그것은 글이 사람에게 미치는 긍정효과와 부정효과를 진중하게 고려해서 사용하는 것이다.

현장감이 살아 있는,
내러티브(Narrative) 글쓰기

김채담(46) 계장이 허름한 초가집 문 앞에 도착하자, 주인 A(76) 할머니가 뛰어나와 얼른 문 앞을 가로막았다.

"우째서 왔소?"

"양귀비꽃 보러 왔소."

"아, 없당게롱!"

김 계장이 집을 뒤졌다. 헛간에 1m 길이의 무 줄기처럼 생긴 양귀비 아홉 줄기가 걸려 있었다. 줄기마다 눈깔사탕만 한 열매가 대롱대롱 달려 있었다. 김 계장이 눈을 부릅떴다.

"으메, 이렇게 큰 다래는 처음 봤네. 칼집도 다 냈구만요. 즙도 벌써 다 묵어 부렀소?"

집주인 A 할머니가 그제야 울상을 지었다.

"실은 우리 영감이 무릎이 아파서 좀 멕였소. 한 번만 봐 주쇼잉. 섬에 약이 워디 있소?"

위 글은 소설의 한 장면이 아니다. 국내 일간신문 사회면에 실린 기사(조선일보 2009. 6. 12. 〈사람과 이야기〉 코너 '영감이 아파 양귀비를…'에서 발췌)의 일부다. 평상시 우리가 접해온 기사와는 사뭇 다르다.

뉴스는 육하원칙을 중심으로 통계와 수치를 앞세운다. 또한 지극히 객관적인 시각과 표현이 요구된다. 그런데 이 기사는 그렇지가 않다. 육하원칙을 지키지 않았고, 사건의 결과를 서둘러 전달하지도 않았다. '차마 말을 잇지 못했다.'와 같은 서술어를 사용하지도 않았다. 직접적인 서술어 대신에 '양귀비 밀경작(密耕作)을 단속하는 경찰관과 단속에 걸린 할머니가 나눈' 생생한 대화로 채웠다. 뉴스에서는 표준어를 사용하는 것이 일반적이나, 등장인물이 사용하는 사투리를 대화체 안에 그대로 인용함으로써 현장감을 살렸다. 만약 전형적인 서술어와 표준어를 사용하여 이 상황을 그렸다면, 현장의 긴박감이나 단속에 걸린 할머니의 암담한 심정이 독자에게 제대로 전달될 수는 없었을 것이다. 기존의 뉴스 전달방식과는 다른 이 기사는 파격으로 인해 독자에게 신선한 여운을 준다.

수많은 정보와 이야기가 넘쳐나는 시대. 주목받는 글쓰기를 위한 다양한 시도와 연구가 이뤄지고 있는 가운데, 근래 가장 각광받던 글쓰기 형식이 스토리텔링이다. 그러나 이젠 스토리텔링을 넘어 '내러티브' 글쓰기가 대세다.

신문기사의 새로운 방식인 내러티브(Narrative Report)란 삶의 현장을 담아내는 새로운 보도 형태로서 뉴스와 이야기가 결합된 스토리 뉴스를 말한다. 형식으로 따지자면 기사보다 오히려 소설에 가깝다. 이야기가 들어있는 서사 구조이기 때문이다. 이 내러티브가 소설과 다른 점이라면, 허구나 상상력의 동원이 아닌 실제 있는 사실만을 바탕으로 기술한다는 것이다. 언론 분야 최고의 상인 퓰리처상 수상작들이 대부분 내러티브 기사로 쓰였다는 것은 널리 알려진 사실이다.

기존의 기사 형식으로는 소화하기 힘든 '세상 속 세상'을 이야기체(Storytelling)로 풀어내는 내러티브 스타일은 개인을 입구로 해서 사회적 현상을 은유하는 글쓰기다. 즉 주제를 상징적으로 대표하는 하나 또는 한 사람의 이야기를 통해 사회 구조적 문제점을 부각시키는 방식이다.(박재영 · 이완수 교수, '역피라미드 구조의 한계와 논의' 참고. 2008년)

"상황은 계속 나빠지고 있다. 삽화 속 으스스한 폭발처럼 공포가 다가왔다. 전조는 바닥의 울림, 날카로운 폭발, 산산 조각난 창문이었다. 첫 번째 고층빌딩에서 상상하기 힘들 정도의 균열과 불구멍이 생겨났다. 그리고 잠시 후 쌍둥이 빌딩에도 비슷한 일이 벌어졌다."

2001년 9 · 11테러가 발생한 다음 날 〈뉴욕타임즈〉가 선보인 톱기사의 서두다. 육하원칙 보도 기사에 익숙한 국내언론과는 단연 차별화된 형식이다. 1면 톱기사를 정보가 아닌 이야기로 시작한 것은 향후 뉴스의 중심이 이야기가 되어야 한다는 일종의 선언이었으리라. 정보 전달이라는 신문 본연의 임무에 치중하느라, 사람냄새 나는 정겨운 이야기들을 문학에게 넘겨주었던 신문이

지나온 뒤안길을 돌아보게 된 것일까. 이제 그 같은 내러티브적인 전달체계를 구축해 나가야 한다는 주장이 언론에 몸담고 있는 저널리스트들에 의해 제기되고 있다.

그렇지만 국내 신문에서 내러티브 기사는 아직 드물다. 일부 매체에서 역삼각형 구조를 탈피하려는 노력은 하고 있으나, 여전히 대부분의 뉴스는 역삼각형 기사다. 물론 탐사보도와 같은 긴 기사(long journalism)에서 조금씩 내러티브를 선보이고 있으며, 본격적으로 '내러티브'를 내건 기사들도 혹간 눈에 띈다. 그것은 확실히 재미있게 읽힌다.

기존의 지면과 기사 방식으로는 소화하기 어려운, 삶과 현장의 깊숙한 이야기들을 진지하게 담아내기엔 내러티브 스타일의 기사만큼 적절한 형식이 없다.

서사 구조의 이야기를 통해 지혜를 전해주는 글쓰기 방식인, 내러티브 글의 본질은 단연 사람이다. 사건 결과나 정보 전달에 비중을 두는 글이 정보형 글이라면, 내러티브 글을 쓸 때는 사람과 사건의 과정에 중점을 둔다. 자살 사건기사를 예로 들어보자. 일반 기사에서는 사건의 개요와 통계가 많이 나오지만, 내러티브에서는 특정 개인이 왜 자살을 시도했고, 어떤 고민과 생각을 했는지 기사를 통해 더 잘 드러날 수 있다. 한마디로 갈등에 빠진 사람이 그것을 어떻게 해쳐나가는가를 지켜보는 것이 내러티브 글이다.

06

내러티브 글
쓰는 법

보여주기(showing) 기법과 플롯(plot)의 중요성

말이든 글이든 자신이 체험한 것을 제대로 전달하려면, 잘 보고, 잘 듣고, 깊이 생각하는 과정이 필요하다. 때로는 어떤 사안에 대해 간결한 요약이 필요하기도 하지만, 대강의 전후 사정을 생략한 채 서둘러 결과 보여주기로 끝맺고 만다면, 독자나 청자의 관심을 오래 붙잡아두기 어려울 것이다. 대부분의 사람들이 영화나 소설을 재미있어 하는 이유는 등장인물의 캐릭터나 해피엔딩에 대한 맹목적 대리만족 때문이 아니다. 숱한 우여곡절과 위기와 갈등요소들이 심오하고도 적절하게 녹아있는 플롯(plot)에 매료당하기 때문이다.

일반 글도 그렇거니와 내러티브 형식의 글을 쓸 땐 표현하고자 하는 대상을 보다 구체적이고 분명한 이미지로 묘사하는 훈련이 필요하다. 고급 어휘를 많이 알고 있고 미사여구를 자주 사용하는 것이 필요한 것이 아니다. 관련인물의 표정과 몸동작은 물론 사건이 벌어진 현장의 작은 움직임도 놓치지 않고 묘사할 수 있어야 한다.

호기심이 많은 사람은 대화를 나눌 때 상대방의 목소리에만 귀 기울이지 않는다. 말을 하면서 자꾸만 턱을 만지작거렸는지, 몇 분마다 손목시계를 들여다보고 있는지, 회전의자에 거만하게 기대고 앉아 다리를 떨었는지, 말할 때 눈동자가 흔들리지는 않았는지, 그에게서 풍기는 스킨냄새는 어떠했는지도 놓치지 않고 모든 감각기관을 동원하여 그를 상세하게 읽어낸다. 또 현장에 가서는 그날의 날씨와 대기의 움직임, 주변의 소음, 바람에 실려온 인근 양계장에서 불어오는 바람 냄새까지도 묘사하여 전달한다. 이렇게 한 인물을 세밀하게 관찰하거나 현장을 두루 누비며 쓴 사실적인 글은, 미사여구를 동원하여 쓴 화려한 글보다도 독자를 끌어당기는 힘이 훨씬 강하다.

내러티브 글은 디테일(detail, 세부적인 것)로 승부해야 한다. 이야기는 줄거리가 중요하기 때문에 세부사항은 무시해도 그만이라 생각한다면 큰 오산이다. 디테일은 사소하거나 작은 게 아니라, 오히려 줄거리보다 큰 역할을 하는 것이며 주제와도 연결되는 것이기 때문이다.

디테일을 잘 활용하면 TV와 같은 영상 못지않은 시청각 효과를 얻을 수 있다. 디테일한 글은 상상력 유발은 물론 겉으로 드러나지 않는 심리내면까지 투영한다. 따라서 형사들이 살인사건 현장에서 증거물을 꼼꼼하게 수집하는 것처럼, 내러티브 글을 쓸 때는 동원할 수 있는 정보를 정밀하게 수집해서 살려내야 한다.(최수묵의 '기막힌 이야기 기막힌 글쓰기' 중에서)

내러티브 글의 생명은 구성에 있다. 같은 이야기를 다르게 쓰는 차별화 전략을 써야 한다. 신문의 기사가 비슷해 보이는 이유는 확인된 사실만을 보도하기 때문이다. 똑같은 이야기를 다르게 쓰는 법에 익숙해져야 한다. 행동과 행동, 소재와 소재 간의 인과 관계를 보여줘야 비로소 이야기가 생겨난다.

내러티브 글의 특징은 설명하는 대신에 보여주는 것(Don't tell, Just show)이다. '그는 키가 무척 컸다', '그녀는 마음이 여렸다'라는 식으로 표현하는 것은 좋지 않다. 대신 '그는 내 집무실에 들어올 때마다 문지방에 머리를 찧곤 했다', '그녀는 약속시간에 늦었으나 라디오에서 흘러나오는 가수의 노래를 차마 끊지 못해 발만 동동거리고 있었다'와 같이 키가 크다면 구체적으로 얼마만큼 큰지, 어떤 성격의 소유자인지 독자가 상상할 수 있도록 보여주어야 한다. 글 쓰는 이의 시각으로 단정 지어서 '그녀는 감성적이다' 또는 '그는 지나치게 직선적이다'라는 식으로 표현하는 것은 해설에 가까운 서술이지 묘사가 아니다.

"아이는 낡고 찢어진 매트리스 위에 누워 있었다. 여위고 긴 다리를 가슴에 웅크리고. 벌레에 물린 상처와 뾰루지들로 피부는 엉망이었다."(《레인 디그레고리 기자, 세인트피터스 버그 타임즈》의 '창안의 소녀' 중에서)

내러티브 글은 이처럼 '비위행적인 환경' 등을 운운하는 식으로 해설을 늘어놓지 않는다. 대신에 사진 한 장을 보여주듯 있는 사실의 섬세한 묘사를 통해 독자의 오감을 자극하고 대중의 관심을 끌어당긴다. 섣불리 글쓴이 자신의 주관적 감정을 담아 '슬펐다' 라거나 '가슴이 아파 눈물이 났다'는 식의 표현은 쓰지 않는다. 오히려 눈앞에 벌어진 사실 그대로를 담담하게 스케치함으로써, 독자에게 더 큰 감동과 여운을 줄 수 있다. 가치판단을 독자에게 맡김으로써, 오히려 객관성과 신뢰성을 담보하는 것이다.

매력적인 글감 선택과 맥락 살리기

내러티브 글을 잘 쓰려면, 우선 매력적인 글감을 찾아야 한다. 즉 무엇을 쓸 것인지를 보다 구체화할 필요가 있다. 주제를 잘 정하는 것 못지않게 중요한 것은 문제 설정이다. 문제 설정이 드러나야 좋은 글을 만들 수 있다. 글에는 나만의 관점이, 나의 위치가 선명하게 드러나야 한다. 의식적으로 1인칭인 나의 위치를 상기할 필요가 있다.

다음은 맥락을 살리는 전개가 중요하다. 단순한 일화를 나열하는 것이 내러티브가 아니다.

대중들은 흔히 정보를 단순 나열하는 역삼각형 기사에 짐짓 식상해 있으면서도, 마치 관행이 된 듯한 이런 보도기사가 더 객관적이라고 생각하는 경향이 있다. 그러면서 소설의 관점과 구성

방식을 차용하는 내러티브는 주관적이라고 생각한다. 대부분의 뉴스는 제목과 첫 문장에서 중심 내용을 모두 드러냄으로써 독자의 관심을 유도한다. 하지만 내러티브 기사는 다르다. 처음부터 훤히 드러내지 않아 독자의 호기심을 은근히 촉발시키며, 뒤로 갈수록 긴장감과 감칠맛이 더해간다. 마치 꽃봉오리가 한 잎 한 잎 모습을 드러내듯, 점진적으로 이야기의 실체를 드러냄으로써 사람의 마음을 움직이게 한다.

내러티브는 재미 요소를 추구하는 대중의 취향에 부응할 뿐만이 아니라, 글(뉴스)을 통해 사실 전모를 알고자 하는 독자 요구에도 부응한다. 따라서 내러티브 글쓰기의 매력은 독자가 흥미와 신뢰를 갖고 읽을 수 있도록 이야기를 재구성하는 과정에서 창의적 아이디어 발산과 창작의 기쁨을 누릴 수 있다는 데 있다. 또 글을 이끌어가는 자신의 관점 안으로 독자를 풍덩 빠지게 할 수 있다는 점도 중요한 매력이다.

07

일본작가 하루키 문장의 매력
─묘사

　●　　　　　　일본 작가 무라카미 하루키의 열풍
은 문학비평을 넘어 사회비평의 대상이 되고 있다. 장편소설
〈1Q84〉 후 3년 만에 발표한 그의 장편소설 〈색채가 없는 다자키
쓰쿠루와 그가 순례를 떠난 해〉는 일본에서 50만 부라는 파격적
인 초판 부수로 기대를 모았다. 출간 이후에는 일주일 만에 100
만 부를 돌파하는 판매기록을 세웠다. 색채와 순례라는 소재를
통해 반드시 되찾아야 하는 것을 되돌아보게 하는 이 작품은 개
인 간의 거리, 과거와 현재의 관계, 상실과 회복의 과정을 담고
있다. 우리나라에서도 2013년 7월 초판 20만부가 인쇄돼 시판되
자마자 바로 베스트셀러 1위로 뛰어올랐다.

　이렇듯 하루키는 발표하는 작품마다 밀리언셀러를 기록하는,
세계에서 가장 많은 독자를 확보하고 있는 작가다. 국경이 없
고 남녀노소가 없다. 최고의 권위를 자랑하는 '다니자키 준이치
로'상을 비롯해 일본 거의 모든 문학상을 수상했으며, 카프카상

(2008년), 예루살렘상(2009) 등 지구촌 굴지의 상을 휩쓸었다. 그렇다면 전 세계 독자들은 왜 하루키를 읽는 것일까. 또한 그가 책을 낼 때마다 언론은 왜 들끓는 것일까? 이유는 간단하다.

첫째, 평이하게 설명하지 않는다

사람들은 대부분 자기의 말을 전달하고, 이해시키고, 설득하기 위하여 목소리의 톤을 높인다. 작가나 화자는 대개 자기의 세계를 설명하려 한다. 그러나 하루키는 설명하지 않는다. 직설적으로 설명하는 것보다 훨씬 더 소통이 잘되는 방법을 찾아낸다. 설명하는 대신에 그는 깊이 있게 관찰하고 판단은 조금만 내린다. 최종적인 판단은 독자의 몫으로 남겨둔다. 설명하는 것은 쉽다. 설명하지 않고 어떤 세계를 만들어내는 것이 어려운 것이다. 하루키는 자신이 섣불리 결론을 내리거나 그것을 독자들에게 주입하는 대신에 가설을 쌓아가면서 자신의 세계를 완성시킨다.

그의 이름을 세계에 알린 초기작 〈노르웨이의 숲〉은 처음에 〈상실의 시대〉(1987년)라는 제목으로 우리나라에 소개됐다. 성인으로 성장해 세상으로 나아가는 젊은이들이 느끼는 상실감을 다룬 이 소설은 분명 '상실의 세계' 혹은 '상실의 시대'를 이야기하고 있다. 그러나 하루키는 자신의 작품 제목을 '상실의 시대'와 같은 설명형 제목 대신에 〈노르웨이의 숲〉이라 붙였다. 그는 이 작품을 발표함으로써 일본 문학사에 굵은 한 획을 긋게 된다. 모든 작품을 통틀어 '현대사회에서 소외된 군상들의 고독'을 일인 칭 시점으로 파헤쳐온 그는 결코 언어로 표현될 수 없는 개개인의 심리묘사와 의식세계를 탁월한 그만의 문체로 그려냈다.

둘째, 설명 대신에 묘사로 형상화 한다

그녀의 집 거실에 있던 야마하의 그랜드 피아노. 시로의 꼼꼼한 성격에 맞게 늘 조율이 잘되어 있었다. 티 하나 없이 맑게 윤기를 띤 표면에는 손가락 자국도 없었다. 창으로 비쳐 드는 오후의 햇살. 정원의 사이프러스가 늘어뜨리는 그림자. 바람에 흔들리는 레이스 커튼. 테이블 위의 찻잔. 뒤로 단정하게 묶은 그녀의 검은 머리카락과 악보를 바라보는 진지한 눈길. 건반 위에 놓인 열 개의 길고 아름다운 손가락. 페달을 밟는 두 발은 평상시 시로를 생각하면 상상이 안 될 만큼 힘차면서도 적확했다. 그리고 종아리는 유약을 바른 도자기처럼 하얗고 매끈했다. 연주를 부탁하면 그녀는 곧잘 그 곡을 쳤다.

　─「르 말 뒤 페이」.

　전원 풍경이 마음에 불러일으키는 영문 모를 슬픔. 향수 또는 멜랑콜리.

최신작인 위의 〈색채가 없는 다자키 쓰쿠루와─〉에서 볼 수 있는 것처럼, 무라카미 하루키는 작가로서 자신의 판단을 독자에게 강요하는 대신 '묘사'를 사용한다. 설명은 직접적인 개입이고, 묘사는 형상화를 통해서 말하고자 하는 것을 효과적으로 보여주는 장치다. 이때 하루키가 특징적으로 사용하는 방법은 색다른 비유와 독자들의 예상을 넘어서는 설정이다. 그의 '빌리 홀리데이 이야기'라는 글의 한 토막을 예를 들어보자. 젊은 하루키가 도쿄 외곽의 작은 빌딩 지하에서 재즈 바를 운영하던 시절의 이야기다.

이따금 한 미국 흑인 병사가 일본 여성과 함께 가게를 찾아온다. 재즈 바를 찾아오는 흑인 병사라고 하면 독자들은 시끄럽고 덩치 큰 군인을 떠올릴 것이다. 그러나 하루키가 설정한 병사는 조용하고, 호리호리한 일본 여성과는 친구이면서도 미묘한 거리감을 유지하는 내성적인 젊은이였다. 독자들의 예상을 가볍게 벗어난다. 두 사람은 도란도란 이야기하면서 재즈를 듣고 가끔 빌리 홀리데이의 판을 틀어달라고 부탁한다. 20세기 재즈계의 전설로 손꼽히는 흑인 여가수 빌리 홀리데이.

어느 날 흑인 병사는 혼자 찾아와 구석 자리에서 빌리 홀리데이를 들으며 조용히 어깨를 흔들면서 운다. 하루키는 흑인 병사가 무안해 할까봐 못 본체 하며 다른 일을 한다. 그것이 그 병사와의 마지막 만남이었다. 그 후 일 년쯤 지나 함께 오던 여성이 혼자 나타난다. 어느 비 내리던 가을밤이었다. 여자는 그 병사가 본국으로 돌아갔다는 것을 알려준다. 그 병사는 고향 사람들이 그리워질 때마다 이 가게에 와서 빌리 홀리데이의 노래를 들었다고, 이 가게를 무척 마음에 들어 했다고. 그녀는 그리운 듯 추억을 풀어놓았다.

'그런데 그가 지난번에 편지를 보내왔어요.' 그녀가 말했다. '자기 대신 그 가게에 가서 빌리 홀리데이를 틀어 달래요.' 빌리 홀리데이의 판이 다 돌아가자 그녀는 레인코트를 조심스럽게 걸쳤다. '여러모로 고마웠습니다.' 그 인사를 듣고 하루키는 적절한 대답을 해주지 못했다. 다시는 만나지 못할 것이라는 예감 때문에.

이렇듯 재미있는 에피소드들의 조합으로 결국 하루키는 '재즈란 무엇인가'를 얘기하고 있는 것이다. 재즈란 무엇인가. 빌리 홀리데이란 누구인가. 그것을 설명하기란 쉽지 않다. 그래서 흑인 병사와 일본여성의 이야기를 말랑말랑하게 그려낸다. 그러면서 이런 결론으로 유도한다.

"나는 지금도 빌리 홀리데이의 노래를 들을 때마다 조용했던 그 흑인 병사를 떠올린다. 멀리 떨어져 조국을 그리며 카운터 한쪽 구석에서 소리 죽여 흐느껴 울던 남자의 모습을. 그 앞에서 조용히 녹아들던 온더록의 얼음을. 그리고 멀리 떠나간 그를 위해 빌리 홀리데이를 들으러 왔던 여성을. 그녀의 레인코트 냄새를. (중략) '재즈란 어떤 음악인가요?' 하고 누군가가 묻는다면, 나는 '이런 게 바로 재즈지.'라고 대답할 수밖에 없다. 나에게 재즈란 그런 존재다. 꽤나 긴 정의지만, 솔직히 말해 나는 재즈라는 음악에 대해 이보다 더 유효한 정의는 알지 못한다." 라고.

셋째, 무거운 말을 쓰지 않는다.

하루키는 집요하고 극단적인 묘사에 매달리지 않는다. 매달리지 않는 것이 아니라 그런 문장을 배제하는 것처럼 보인다. 그는 1979년 첫 데뷔작이자 '군상(群像) 신인문학상'을 수상한 소설 〈바람의 노래를 들어라〉의 첫 문장에서 '완벽한 문장은 존재하지 않아. 완벽한 절망이 존재하지 않은 것처럼 말이야.'라고 쓰고 있다. 이 말은 그가 문장에 대해 상당히 고심했음을 알려주지만 동시에 그가 문장에 매달리는 글을 쓰지 않겠다는 선언이기도 하다.

하루키가 들고 나온 문장은 집요하면서도 극단으로 밀고 가는 문장이 아니라, 간결하고도 쉬운 문장이었다. 다니자키 준이치로, 아쿠다가와 류노스케, 구메 마사오, 가와바타 야스나리, 미시마 유키오 같은 일본 문예미학의 정점을 찍었던 작가들을 그는 거의 말하지 않는다. '문장은 한없이 아름답고 다루는 세계는 똑 떨어지는' 일본 문예미학의 대가들을 언급하는 대신에 데릭 하트필드, 스콧 피츠제럴드, 레이먼드 카버 같은 미국 작가들에게서 소설을 배웠다고 말한다.

넷째, 계속적인 탐색 과정에 있다.

하루키는 계속 변화하고 있지만 기본적인 글쓰기의 틀은 변하지 않는다. 그래서 하루키는 완성된 세계를 보여주지 않는다. 이야기의 결론을 찾아가는 과정, 그것이 바로 하루키 작품의 주제이자 방법론이다. 앞에서 하루키는 설명하지 않는 작가라고 말했다. 이 말은 '하루키는 설명할 수 없는 것을 다루는 작가'라고 하는 것이 더 정확한 표현일 것이다. 이 점을 이해하지 않으면 하루키를 정확하게 이해하기 어려워진다. 작가(혹은 주인공)와 세계 사이에 놓인 거리를 찾아가는 과정 속에 들어있는 수많은 가설과 비유와 에피소드 속에 드러나는 몇 개의 프리즘. 어떤 것은 밝혀지고 어떤 것은 질문 속에 들어있거나 과정 그 자체가 답이 되기도 한다.

하루키는 현대인의 고립과 단절, 그리고 고독과 체념에 대해 누구보다 예리하게 진단한 작가로 유명하지만, 단지 그것에 머물거나 안주하는 작가는 아니라는 게 문단의 평가다. 이러한 상황이 발생한 원인에 대해 자신의 방식대로 진단하는 것, 그리고 무시하거나 체념하는 대신 치유와 회복의 가능성에 대해 모색해보는 것, 사실 무뚝뚝하고 건조한 문체 속에는 세계와의 대결이라는 승부사로서의 끈질김과 치열함과 용기가 숨어 있다. 이것이 지구촌 독자들이 하루키에 열광하는 이유가 아닐까한다.

08

글의 영향력과
자기 창조의 완성

사람은 떠나도 글은 남는다

현세에 고등 종교라 불리는 기독교, 불교, 이슬람교는 고유의 경전을 가지고 있다. 그중에서 수천 년 전에 기록된 성경은 인류 역사에 지대한 영향을 끼쳐 왔다. 경전이라는 분류를 떠나 한 권의 책으로서 이만한 베스트셀러이자 스테디셀러는 아마 전무후무할 것이다. 문자로 기록된 경전이 있기에 이들 종교는 인종과 문화권과 시대를 뛰어넘어 전파될 수 있었고, 오랜 세월 '최상의 가르침(宗敎)'이라는 절대의 자리를 지키며 숭배와 찬미를 받아왔다. 유대인들은 2천 년이 넘는 세월 동안 나라 없는 민족으로 유랑생활을 했지만, 〈토라〉라는 율법서와 〈탈무드〉를 통하여 고유 문화를 유지해 올 수 있었다. 이로 보건대, 글이 인류에 끼쳐온 영향력이 얼마나 위대한 것인지를 짐작할 수 있다.

칼릴 지브란의 저서 〈예언자〉는 성경 다음으로 가장 많이 읽힌 것으로 알려진다. 15세 무렵에 쓰기 시작해서 20대 중반에 완성했다고 하는 이 책에서 그는 삶의 근원과 사랑, 따뜻한 바람과 햇살에 대해 노래하고 있다. 이 책으로 칼릴 지브란은 일약 세계적인 명성을 얻게 된다. 평범한 삶을 살다가 책을 펴내 이름을 만방에 알린 이가 어디 그뿐인가? 인류에 길이 이름을 남긴 사람들은 장르를 불문하고 대부분이 자기 저서가 있고, 그 책으로 인해 그들은 탄탄한 입지를 굳혔다.

몇 년 전, 사회적 반향을 불러일으켰던 국내 제작 영화 〈도가니〉는 실화를 바탕으로 쓴 공지영의 소설을 영화화한 작품이다. 한 인턴기자의 법정 스케치 글이 이 소설을 낳게 했고, 배우 공유가 공감을 끌어냈으며, 공유의 신념에 가까운 의지가 어느 영화감독의 시나리오를 낳았다. 그리고 이 시나리오가 영화 〈도가니〉를 탄생시켰으며, 이 영화 상영으로 새로운 법(일명 '도가니법')이 만들어졌다.

글은 세상을 이끄는 문화의 근간

글의 힘은 이렇듯 강력하다. 그러기에 대부분의 사람들은 책쓰기와 글쓰기에 열광을 하며, 책을 통해 자기 이름을 세상에 선보이고 싶어 한다.

당나라에서 유학하던 최치원은 격문 한 장으로 반군을 물리쳤으며, 다산 정약용은 유배의 몸으로 애민사상과 심오한 철학이 담긴 수백 권의 저작들을 펴냄으로써 자신을 경세학문의 경지에 올려놓았다. 이황과 기대승은 서신을 주고받으며 학문적 업적을 이루었으며, 마르코 폴로는 〈동방견문록〉을 집필하여 대항해 시대를 열었다. 사람은 떠나도 글은 남는다. 작가는 또한 그의 저작물을 통해 영원히 살아서 후대의 사람들에게 영향을 미친다.

구한말 우리나라에 들어온 최초의 선교사 언더우드가 인도에서 한국으로 발길을 돌린 것도 잡지에 실린 짤막한 글 때문이었다고 한다. 당시 일본에 있던 한국인 하나가 미국 기독교 잡지에 '조선에 선교사가 필요하다'라는 글을 실었는데, 청년 언더우드는 이 글을 보고 조선에 관심을 갖게 되었고, 결국 최초로 조선에 발디딘 선교사가 되었다. '펜이 칼보다 강하다'는 속담이 절로 떠오르는 대목이다.

글은 인간이 만든 가장 강력한 무기다. 인류 역사에 글보다 더 강한 무기는 아직 출현한 적이 없으며, 앞으로도 출연할 가능성은 거의 없다. 세상살이의 기준이 되는 온갖 법전과 사회 규범이 글로 씌어졌으며, 모든 문화의 근간을 이루는 것이 바로 글이다. 글이 세상을 바꿔왔으며, 글이 세상을 만들어왔다고 해도 과언이 아니다.

이처럼 글의 힘은 막강하다. 자기가 발표한 글이 얼마나 큰 힘을 발휘 하는지, 사람들에게 어떤 영향을 끼치는지, 그리고 자기 삶에 어떤 변화를 가져오는지를 깨달은 이들은 글쓰기의 자세가 무겁다. 한쪽으로 치우친 글을 쓰지 않으려 하고, 깊이 사고하며 진지한 자세로 임한다. 발표된 내 글이 누군가에게 힘과 용기를 줄 수도 있지만, 반대로 누군가에게는 깊은 상처로 다가갈 수도 있음을 알기 때문이다.

글쓰기는 자기창조의 완성

사람들이 글을 안 쓰거나 못 쓰는 데에는 여러 가지 이유가 존재한다. 대부분의 사람들은 '바빠서 글을 쓰지 못한다'고 말한다. 얼마나 치열하게 살아가야 하는 현대인의 삶이던가? 그러나 냉정하게 따져보면 그것은 그럴싸한 핑계일 뿐이다. 바빠서 식사를 거르거나 잠을 안자는 경우는 없다. 그것은 글의 중요성을 간과하고 있거나, 일의 순서에서 뒷전에 두기 때문일 것이다.

이 경우 다른 답은 없다. 일단 써보는 것이다. 그렇게 쓴 글을 다른 사람들에게 공개하는데 익숙해져야 한다. 가족에게 읽어주고, 글쓰기 동아리 모임에서 돌려보기도 하고, 스스로 소리 내어 읽어보기도 하며 세상에 드러내는 작업도 필요하다.

다른 사람과 글을 공유하는 것이 익숙해지고 나면, 이번에는 실생활에서 자꾸 글을 사용해야 한다. 지난 삶의 추억이 깃든 생활문, 기행문, 독서 감상문, 초대 글, 편지, 시 등. 의무적으로 쓰는 글에서 벗어나 실제 생활에서 경험하고 느낀 것을 자유롭게 써내려가고, 그것을 스스로 즐길 수 있도록 애써야 한다.

　이런 글쓰기를 통해 그동안 아무에게도 꺼내놓지 못했던 자기 안의 아픔과 상처들을 스스로 털어내고 새롭게 힘을 얻어 살아가는 사람들을 자서전 쓰기 과정을 인도하며 무수히 보아왔다. 자기 안에 그토록 많은 언어를 잉태시키고 있었다는 사실의 발견이 그들 자신에게 날개를 달아주었을 것이다.

　글이 창조의 원천이라면, 삶의 무늬를 기록한 글쓰기는 자기 창조의 완성이다.

09

처음부터 완벽한 문장은 없다
−퇴고의 중요성

●　　　　　　사소하게 여겨지는 것이 전체를 망치는
경우가 있다. 글쓰기에선 맞춤법이 그렇다. 아무리 좋은 글이라
도 맞춤법이 틀리거나 오자와 탈자가 있다면 좋은 글이라 할 수
없다. 글을 매끄럽게 쓰는 것만큼이나 중요한 것은 맞춤법과 문
맥에 맞게 문장을 구사하는 것이다. 얼마 전 미국의 경제잡지 포
브스 지가 성공을 가로막는 습관으로 '맞춤법'을 꼽은 것은 자못
시사하는 바가 크다.

퇴고가 중요한 이유

맞춤법은 글쓰기에서 기본이다. 맞춤법에 어긋나거나 틀린 철
자를 사용한다는 것은 글쓴이의 무지를 드러내는 것이며, 글에
드러난 오자와 탈자는 글쓴이의 꼼꼼하지 못한 성격을 고스란히

독자에게 알리는 것이다. 문맥이 맞지 않는 글 또한 글쓴이의 국어사용 능력을 의심하게 만든다. 맞춤법에 위배되거나 오자, 탈자가 많은 글은 다루는 내용이 아무리 근사해도 좋은 글이 되지 못한다. 이것이 퇴고가 중요한 이유다.

퇴고의 중요성을 강조할 때면 으레 거론되는 작가가 있다. 미국의 저명한 작가 어니스트 헤밍웨이는 그의 작품 〈노인과 바다〉를 무려 2백 번이나 고쳐 쓴 뒤 출간했다고 한다. 또한 〈무기여 잘 있거라〉의 마지막 장은 44번이나 고쳐썼다는 일화도 유명하다. 소설가 최인훈 씨는 그의 대표작 〈광장〉을 일곱 번 출판했는데, 그때마다 퇴고를 했다고 한다. 적확한 어휘를 사용함으로써 이야기의 완결성을 높이기 위해서다. 성실한 퇴고는 독자에 대한 의무인 동시에 자기 작품에 대한 애정이기 때문이다.

이런 까닭으로 프로 작가들은 자신의 초고에 여간해선 만족해하지 않는다. 아직은 어설픈 미완성이라고 생각하고 완성도를 높이기 위한 수정과 보완을 거듭한다. 이들에게 '글다듬기'란 선택이 아니라 필수이다. 하여 이제 막 글쓰기를 시작한 아마추어들은 한 편의 글이 시간과 노력을 들여 재고에 재고를 거듭한 뒤라야 훌륭한 글이 된다는 사실을 간과해서는 안 된다.

예전 월간 매체에서 근무할 때의 일이다. 청소년상담 분야에 종사하는 어느 여성 필자의 원고를 연재하게 되었다. 그런데 책이 나오는 과정에서 그녀와 두어 차례 실랑이를 벌여야 했다. 글의 내용은 문제 삼지 않더라도, 문맥과 맞춤법 등에서 고칠 부분이 많은 원고를 보내왔기 때문이다. 그대로 게재하기엔 무리가 있겠다고 판단하여 필자에게 수정해줄 것을 정중히 요청했다. 그런데 상대는 전혀 손댈 필요가 없다며 고집을 부렸다. '단어 하나 토씨 하나 고치지 말라'는 것이다. 그러나 매체가 갖는 독자에 대한 책임을 회피하기 어려워 윤문(潤文: 독자가 읽기 쉽게 글을 윤색함)을 거친 뒤 편집에 들어갔다. 책을 받아본 필자는 자기 원고에 손을 댄 것에 대해 노골적으로 불만을 토로했다. 또다시 자기 원고에 손을 대면 다시는 투고할 수 없다는 말까지 했다. 자신의 글에 그토록 '자만과 사랑에 빠질 수 있는' 그녀가 한편으로는 망연자실 부러울 지경이었다.

글은 재고再考의 과학이다

저널리스트 출신인 최수묵 작가는 자신의 저서〈기막힌 이야기 기막힌 글쓰기〉에서 '글은 잡담이 아닌, 재고(再考)의 과학'이라 했다. 글을 쓰는 사람은 발표하는 순간까지 다듬고 또 다듬는 것을 마다하지 않아야 한다는 얘기다. '일필휘지'로 글을 써내려가는 것도 멋진 일이지만, 고치고 또 고치는 과정을 반복하면서 훌륭한 글로 완성해 가는 것이 더욱 값진 일이다.

프로 작가라 하더라도 자신이 써놓은 글을 다시 보면 고칠 부분이 발견되게 마련이다. 빠뜨린 글자나 잘못 쓴 글자는 물론 빼거나 새로 넣고 싶은 것, 앞뒤의 순서를 바꾸고 싶은 것, 적절하지 않은 어휘 선택, 잘못된 표현 등이 발견된다. 이러한 것을 고

쳤을 때와 고치지 않았을 때의 글은 크게 다르다. 말은 입 밖으로 한 번 뱉고 나면 수정이나 취소가 불가능하지만, 글은 초고를 써놓고 계속 고쳐나가면서 완성도를 높일 수 있다는 게 큰 장점이다.

따라서 글의 완성도를 높이려면 초고를 쓴 뒤에 반드시 다시 읽어봐야 한다. 쓰자마자 바로 살펴보기보다는 하루나 이틀쯤 지난 뒤에 읽어보는 것이 좋다. 자기가 쓴 글을 객관적으로 볼 수 있으려면 시간이 필요하다. 시간을 두고 천천히 꼼꼼하게 다시 살펴보라. 이런 노력을 하다보면 자신의 글에 대한 감각이 높아지고 고칠 부분이 눈에 띄게 된다. 지나치게 감상적인 부분이나 적절치 못한 단어, 군더더기 등 불만스러운 것이 여러 군데서 발견될 것이다. '간밤에 분위기 잡고 쓴 연애편지'를 다음날 읽어보라. 얼굴이 붉어지고 오글거리는 유치한 표현이 얼마나 많던가. 그러므로 자신이 쓴 원고를 고쳐 쓸 수 있는 여유를 갖고 글을 쓰는 것이 중요이다. 물론 글을 쓰는 중에도 계속해서 다시 읽어보며 고칠 수도 있다. 성실하고 정교하게 글을 쓰려는 쉼 없는 노력, 이것이 글쓰기에 임하는 사람의 바람직한 태도다.

글쓰기 수업에서 교육생들이 자주 하는 질문 가운데 하나가 '퇴고 요령'에 관한 것이다. 이에 대한 대답은 예나 지금이나 같다. 자신이 쓴 글을 바로 잡고 다듬는 퇴고작업에는 특별한 방법이나 정해진 매뉴얼이 없다는 것이다. 다만 글을 쓰는 사람의 기준이나 방법, 특성, 취향, 글쓰기 습관 등에 맞춰 퇴고를 하다보면 문장쓰기는 좋아진다. 가장 중요한 것은 글을 많이 써보고 고쳐 쓰기를 자주 반복하면, 자기 나름의 퇴고방법을 익히게 된다는 것이다. 처음 글을 써보는 경우라면 자신이 쓴 글을 주변사람에게 보여주고 피드백을 받거나 전문가의 코칭을 받는 것도 좋은 방법이다. 일단 써보고 고쳐보자. 글쓰기에 관한 책을 아무리 많이 읽고 관련강좌를 좇아다녀도 자기가 쓰지 않는 이상 퇴고 요령은 결코 습득할 수 없다.

손보지 않은 허점투성이의 글을 독자에게 공개하는 것은 그야말로 바보같은 짓이다. 주변의 도움을 받아서라도 완성도를 높이고 볼 일이다. 글도 일종의 디자인이다. 내용 못지않게 글의 형식도 중요하다. 글의 배치와 흐름이 자연스럽고 정갈해야 한다. 그러기 위해선 주어와 서술어 관계가 일치하는지, 주제에 일관성이 있는지, 종결어미의 통일성은 유지되고 있는지 등도 꼼꼼히 살펴야 한다.

10

글쓰기에서도
다이어트 전략이 필요하다
―퇴고 요령

퇴고를 둘러싼 예화다. 소동파가 그 유명한 〈적벽부〉를 막 완성했을 때 친구가 찾아왔다. '이 작품을 짓는데 며칠이나 걸렸는가?' 친구가 물으니, 소동파는 '며칠은 무슨 며칠이야, 방금 지었네'라고 말했다. 소동파가 잠깐 방을 나간 사이에 친구가 살펴보니 자리가 불룩하게 솟아 있었다. 그래서 자리를 들춰 보니 오랫동안 고치고 고친 종이들이 수북이 쌓여 있었다고 한다.

글을 쓰면서 퇴고를 하지 않는 사람은 없다. 적게 하느냐 많이 하느냐의 차이가 있을 뿐이다. 그렇지만 편집자나 프로작가가 아니라면 무엇을 어떻게 고칠 것인가에 대해 잘 알고 글을 다듬기란 쉽지 않다. 모르긴 해도 글을 쓴 다음에 다시 한 번 읽으면서 문맥을 살피고 단어나 접속사 정도를 살펴보는 것이 일반인의 글 다듬기 방식일 것이다.

사람들이 글을 수정할 때 흔히 범하기 쉬운 오류가 하나 있다. 바로 글의 전체적 짜임새와 주제를 살피기보다는 구절이나 문장의 수정에만 몰두한다는 것이다. 이는 문장력이 곧 자신의 글쓰기 능력을 말해준다고 생각하는 데서 오는 잘못이다.

글은 설계(구성)가 먼저다

퇴고의 목적은 자신이 전하고자 하는 주제를 독자에게 명확하게 전달하는 것에 있다. 퇴고의 목적이 풍부한 어휘나 매끈한 문장을 과시하는데 있지 않다는 뜻이다. 따라서 퇴고에서는 내용의 배치와 전체적인 구성을 살피는 게 먼저다. 문장이나 단어는 부분적으로 수정할 수 있으나, 글의 짜임새가 잘못 되면 부분적인 수정으로는 해결이 안 되기 때문이다. 집의 기둥뿌리가 비뚤어졌는데 장판을 갈고 가재도구를 바꾼다고 집이 온전해지지 않는다. 글 전체를 보지 않고 단어나 문장에 매달리는 퇴고는 기둥을 바로잡아야 하는데 문짝을 교체하며 집이 온전해지길 기대하는 것과 같다. 나무만 보고 숲을 보지 않는다면, 제대로 된 그림을 완성할 수 없다. 나무를 보고 문짝을 바꾸는 일이 문장과 단어를 점검하는 것이라면, 글의 구성을 살피는 것은 숲 전체와 집 전체를 보는 맥락과 같다.

주제의 일관성을 점검한다

글의 핵심은 주제다. 주제는 글의 생명과 다름이 없다. 무엇에 관해 말하고 있는지가 불분명하거나 주제가 빠져있는 글은 글로서의 가치와 생명력을 잃게 된다. 그럼에도 간혹 주제가 모호하거나 아예 주제가 나타나있지 않는 글을 접할 때가 있다. 또는 주제가 광범위해서 도대체 글쓴이가 무슨 말을 하고 싶은지 분간하기 어려운 글도 있다.

이렇게 주제에 문제를 지니는 경우는 글쓰기 훈련이 덜된 사람들에게서 흔히 나타난다. 이 문제는 대부분 글을 쓰기 전에 주제를 명확히 정해놓지 않아서 생기는 것이다. 이 문제를 해결하는 가장 좋은 방법은 글을 쓰기 전에 누구를 대상으로 '무엇에 관해 쓰려고 하는가?', '무엇을 말하고 싶은가?'에 대한 질문을 던져보고, 이에 대한 답을 약 20자 내외의 한 문장으로 정리해 보는 것이다.

글을 쓸 땐 무엇에 관해 쓰려는지(제재 및 주제)와 어떻게 전개할 것인지(구성)를 세워놓고 글쓰기에 들어가야 한다. 그런데 막상 글을 써나가다 보면 필요 이상으로 글이 길어지거나 엉뚱한 방향으로 전개되는 경우가 종종 있다. 주제를 향해 일관되게 전진하지 못하고 엉뚱한 길로 빠져들어, 무슨 이야기를 하고 있는지조차 가늠할 수 없는 대목이 생기는 것이다. 이렇게 잘못된 부분을 바로 고치지 않으면, 글의 초점이 흐려짐은 물론이고 글의 완성도도 현저하게 떨어진다.

그러므로 글을 다 쓴 뒤에는(때에 따라선 쓰는 중에도) 글이 집필 의도에 맞는지, 주제가 선명하게 드러났는지를 꼼꼼히 살펴보아야 한다. 주제에 대한 표현이나 묘사가 정확한지, 주제에 어긋나는 내용은 없는지, 주제의 일관성은 유지되고 있는지 등을 면밀히 검토해 보는 것이다. 주제를 흐트러뜨리는 장황한 예시나 설명 부분은 과감히 삭제하고, 통계나 수치 등의 데이터 제시가 필요한 경우라면 기꺼이 추가하는 것을 마다하지 않아야 한다.

과감하게 삭제한다

글의 짜임새와 주제를 점검했다면, 이제부터는 문장의 전체적인 흐름과 정확성을 살펴야 한다. 문장 하나하나가 정확하고 바르게 쓰였는지, 앞뒤 문장의 흐름이 유연한지 등을 점검하는 것이다. 문장의 연결이 자연스러워야 좋은 글이 된다. 이때 필요한 실천 전략이 '글의 군살 빼기'다.

문장이 너무 길거나 불필요한 수식어는 과감히 잘라주고 삭제해야 한다. 수식어나 비유 등을 지나치게 사용하여 문장이 길어지면, 겉으로는 멋져 보일지 몰라도 의미전달이 어려워지고 내용은 산만해진다. 문장의 군더더기를 없애는 다이어트 전략을 구사하여 문장은 되도록 짧게 쓰는 것이 좋다. 적확한 단어를 사용하여 군더더기 없이 간결하게 쓴 문장이야말로 독자의 마음을 가뿐히 사로잡는다. 쉬운 단어로 간결하게 쓴 문장이야말로 최고의 문장이다.

훌륭한 정원사는 불필요한 가지를 아낌없이 잘라버린다. 자신이 쓴 글을 압축하고 삭제하는 훈련을 밀도 있게 거친 사람의 글은 독자가 먼저 알아본다. 이런 글은 간결하면서도 독자를 끌어당기는 힘이 있다. 그렇다고 문장을 무조건 짧게 쓰는 것만이 능사는 아니다. 지나친 다이어트가 우리 몸을 해칠 수 있는 것처럼, '글의 군살 제거' 또한 글의 맥락이나 분위기를 해치지 않는 범위 안에서 이뤄져야 한다. 양적, 질적 조화가 중요하다.

퇴고의 3원칙

위에서 언급한 바의 내용을 정리하면 퇴고의 세 가지 원칙이 추출된다. 바로 첨가의 원칙, 삭제의 원칙, 재구성의 원칙이다.

먼저 첨가의 원칙은 초고를 쓴 다음에 글에서 빠진 부분과 부족하다고 느껴지는 부분을 찾아 첨가하고 보완하는 것을 말한다. 이때 충분한 설명이나 논의가 부족한 부분은 없는지, 쓰고자 의도했던 내용이 빠지진 않았는지, 지나친 생략으로 논리의 비약이 이루어진 부분은 없는지 등을 살피는 게 중요하다.

삭제의 원칙은 모호한 수식어나 추상적인 단어, 중언부언하여 내용이 겹치는 대목, 감정적 표현이 지나친 경우 등은 없는지를 살펴 이를 삭제하는 것이다.

　재구성의 원칙은 글의 연결과 짜임새는 반듯한지, 문단과 문단은 바르게 나뉘어져 있는지, 글의 흐름상 문장 구성을 변경하면 더 효과적일 부분은 없는지를 살피는 것이다. 이때 주제와 글의 구성을 부분적으로 고칠 수도 있다.

　이밖에 문법에 어긋난 문장은 없는지, 단어의 선택은 적절한지, 표현방식에 있어 관점과 처지의 불일치는 없는지 등을 꼼꼼하게 살펴서 수정해야 한다. 자신이 쓴 글의 수정과 보완을 주저해서는 결코 좋은 글을 쓸 수 없다.

2장 책 쓰기를 둘러싼 '장 외 수다'

책 쓰기를 둘러싼
장 외 수다

2장

01

개인브랜드 가치를 높여주는
책 쓰기

'너 자신을 알라'고 설파한 소크라테스, 〈네 안의 잠든 거인을 깨워라〉의 저자 앤서니 라빈스, 〈연금술사〉의 저자 파울로 코엘료. 우리 시대의 가장 사랑받는 스승이며 작가인 이들은 시대를 초월해 한 목소리로 다음과 같은 메시지를 남겼다.

"더 이상 다른 사람의 이야기에 열광하지 말라."

자신에게 부족한 뭔가를 채우기 위해 많은 시간과 돈을 소비하며 끝없이 다른 사람의 강연이나 책을 찾아 기웃거리는 일을 그만 멈추라는 경고다. 성공 인생을 펼치는데 필요한 모든 자원은 다른 데 있지 않고 자기 안에 있다는 뜻이다. 한 마디로 '보물은 내 안에 있다'는 메시지의 역설이다.

자신의 이야기야말로 힘이 세다. 그간의 궤적들, 어린 시절에 부모로부터 받은 학습과 기나긴 배움의 시간들, 무수한 만남과 그 관계성 안에서의 훈련들, 일과 전공 분야, 사회활동에서 얻은 성취의 기쁨과 실패의 쓰라림, 이별의 아픔, 사랑과 결혼, 가족 이야기……. 이런 알록달록한 삶의 재료들과 경험들을 통해 오롯이 나만이 배우고 깨달은 인생의 지혜와 기술들은 이미 누구에게나 차고 넘친다. 이 정도면 인생의 진수가 담긴 두 세권의 책은 족히 펴낼 수 있을 만큼의 분량이다. 어디에서도 구할 수 없는, 진귀하고 영험한 텍스트다.

나의 이야기야말로 진귀한 텍스트다

그러니 여태껏 다른 사람을 향해 열어두었던 눈과 귀를 거두어 이제는 나 자신에게로 돌려놓을 필요가 있다. 아니, 나의 이야기가 세상 사람들이 그토록 듣고 싶어 하고 간절히 찾던 것임을 알아야 한다. 그래서 이제는 나만의 이야기를 고르고 생산하며 살아가야 할 것이다.

결론부터 말하자면, 자신의 브랜드 가치를 높이고 자기 업무 분야에서 전문성을 인정받는 가장 확실한 방법으로 자기 저서를 갖는 것만큼 유용한 수단은 없다. 일에 대한 전문성을 알리고 자기 계발을 하는 방법으로는 '책 쓰기'가 으뜸이다. 최근 서점가의 눈에 띄는 현상 가운데 하나는 직장인들을 비롯하여 평범한 사람의 책 출간이 대세를 이루고 있다는 점이다. 이 저자들은 보통 한 분야에서 10년 넘게 일해 온, 자기 일에 대한 전문성과 자신만의 노하우를 가진 사람들로서 자기계발에 관심 있는 독자들의 마음을 사로잡는다.

　자기 업무분야에서 성취한 현장경험은 원론적인 지식보다는 당장 활용할 수 있는 실질적인 내용들을 담아내는데 특화된 글쓰기 소재라 할 수 있다.

　이왕 쓸 거라면 무턱대고 쓰기보다는, 자신이 관계하는 사람들에게 정보와 유익함을 줄 수 있으며 그것이 자신에게는 전문성을 강화해줄 수 있는 내용으로 접근하는 것이 좋을 것이다. 자기 역량을 상품화하거나 인정받기 위해 굳이 여기 저기 시장에 나갈 필요가 없다. 자신의 능력, 자신이 개발한 상품을 알아보고 사람들이 자기를 찾아오게 만들면 된다. 책 쓰기가 그 길로 인도해줄 것이다.

자기 경험이 담긴,
나의 책을 쓰자

책 쓰기는 전문성을 길러주는 창조적 투자

〈내 인생의 첫 책쓰기〉의 저자 오병곤 · 홍승완 씨 역시 평범한 직장인이다. 매일 지하철로 출근하고 종일 회사에서 시달리는 우리 시대의 전형적인 직장인. 오병곤 씨는 IT업계에서 프로그램을 계발하던 사람이고, 홍승완 씨는 경영컨설팅 회사에서 일한다. 다만 그들이 평범한 직장인과 다른 점이 있다면 그것은 그들이 책을 냈다는 것이다. 〈내 인생의 첫 책쓰기〉에서 이들은 그 노하우를 전하는데 많은 에너지를 쏟았다. 이들은 자신의 책 쓰기 경험과 참고도서에서 골라낸 엑기스, 저자들에 대한 심층 인터뷰 수기를 이 책에 모두 담아냈다. 덕분에 그들은 당당히 작가 반열에 올랐고, 독자들의 마음을 파고드는 책 쓰기를 꾸준히 실천하며 세상과 소통하고 있다.

<네 멋대로 써라>의 저자 오도엽 씨는 화장실에서 재미삼아 끄적거린 자신의 낙서를 모아 시집을 내면서 인생이 바뀌었다. 오랜 세월 공단, 농촌, 도시노동자 생활을 하면서 만난 사람들의 특별한 이야기를 그대로 출판하면서 그는 시인이자 르포작가가 됐다. 삶의 다양한 경험이 글 재료였을 그에게 글쓰기는 어쩌면 쉬운 접근이었을 것이다. '멋대로 쓰는 글'이란 욕도 사투리도 속마음도 거침없이 내뱉는 글이며, '가슴속 돌덩이를 꺼내 자신과 묻고 답하는, 울림이 있는 게 글의 힘'이라 풀어놓은 오 씨. 그는 현재 글쓰기 수업을 하고 글을 쓰는 일이 직업이 되었다.

이밖에 버스운전석에 앉아서 바라본 세상이야기를, 소점포 창업체험을, 전셋돈을 홀랑 빼서 가족끼리 해외여행을 다녀온 뒤 여행기를 써서 여행작 가가 된 엄마의 이야기 등 평범한 보통사람이 책을 펴내서 작가 반열에 오른 사례는 숱하게 많다.

이처럼 자기 책을 펴냄으로써 인생의 터닝 포인트를 맞이한 저자들은 평범한 직장인에서 자기분야의 전문가로 자리매김하고 싶거나 개인의 브랜드 가치를 높이고자 할 때, 책 쓰기가 가장 효율적인 방법임을 몸소 체험한 사람들이다. 책을 쓰는 것은 가장 돈을 적게 들이면서 객관적으로 전문성을 인정받을 수 있는 가장 확실한 방법이다. 책은 자기가 하고 싶은 것을 하면서 전문가의 길로 들어설 수 있는 힘을 준다. 평소 자신의 일과 관련된 책을 쓰겠다고 다짐하면, 지금 하는 일을 이전과는 다른 눈으로 바라보게 된다. 일하는 틈틈이 업무와 관련된 결과물을 수집할 것이며, 그 일에 관한 다른 책도 꼼꼼하게 찾아 읽을 것이

다. 또한 그렇게 배우거나 터득한 생각들을 현장에 적용해보기
도 할 것이다.

내가 잘하는 일, 좋아하는 분야에 대해 써보자

'지식 편집의 귀재' 다산 정약용 선생은 책 쓰기의 학습효과가
얼마나 큰지를 잘 알고 있었다. 유배지에서 아들이 닭을 친다는
소식을 전해들은 그는 다음과 같은 내용의 당부 편지를 띄웠다고
한다. '양계도 등급이 있다. 제대로 키우려면 양계와 관련된 책을
읽어라. 배운 지식을 토대로 면밀히 살피고 부지런히 키워라. 그
리고 이렇게 얻은 경험을 책으로 써라.' 그런 즉 한 가지 주제를
체계적으로 공부하고 완전하게 소화시킬 수 있는 최고의 방법,
그것이 바로 자기 저서를 갖는 것이다.

'내 얘기만 써도 소설 몇 권 분량은 된다'고 호언하는 사람을
본 적이 있다. 구슬이 서 말이라도 꿰어야 보배다. 실제 한 분야
를 깊이 궁구하며 인생의 연륜을 어느 정도 쌓은 사람들은 그 마
음속에 책 한 권 분량만큼의 이야기는 고여 있게 마련이다. 그런
데 이들 중에는 아직 자기 책을 갖고 있지 않은 사람이 더 많다.
그의 콘텐츠가 빈약하거나 글 쓰는 실력이 부족해서가 아니다.
집중과 선택의 문제일 뿐이다. 책 쓰기의 중요성을 알면서도 그
일에 우선순위를 두지 못했기 때문일 것이다.

책을 쓰기 위해서는 많은 책을 읽고 자료를 모으고 분석해서

글을 쓰는 등 지난한 과정을 거쳐야 한다. 거의 매일 읽고 생각하고 써야 한다. 따라서 책 한 권을 내려면 이러한 모든 과정을 견뎌낼 수 있는 의지와 인내, 열정, 그리고 체력이 필요하다. 정작 글쓰기에 대한 재능은 그 다음일 수도 있다. 그러니 책 쓰기만큼 강도 높은 훈련은 없다. 책 쓰기만큼 효과적이며 확실한 자기 계발은 없다.

확고한 전문지식이나 남들 앞에 내세울 만한 경력이 없다고 해도 책을 쓰는 일은 가능하다. 그 어떤 사람이라도 나만이 잘하는 일, 나만이 좋아하는 분야가 있기 마련이다. 그게 아니라면 나만이 경험한 삶의 여정이 있을 것이다. 이것이면 충분하다.

책 쓰기는 평범한 사람이 한 분야의 전문가로 도약할 수 있는 가장 창조적인 투자다. 또한 개인의 이름을 알리는 퍼스널 브랜드 구축에 탁월한 효과가 있다. 하여, 자기 분야를 대표하는 전문가가 되고 싶다면, 책 쓰기에 도전해볼 것을 제안한다. 그런데 막상 어디서 어떻게 풀어나가야 할지 방법을 몰라서 주저하는 사람도 있을 것이다. 특히 첫 책을 낼 때 이런 어려움을 겪기 쉽다. 이 경우엔 전문가의 도움을 받을 것을 권한다. 방향을 잘못 잡은 채 무턱대고 열심히 쓰다 보면, 아까운 시간만 낭비하거나 책이 나오기도 전에 힘이 빠질 수가 있다. 제대로 알고 쓰면 목표지점을 앞당길 수 있다.

첫 책에서 베스트셀러 저자가 되겠다는 욕심은 버리자. 그보다는 나의 진정성이 담겨있으며 내용이 충실한, 완성도 있는 책을 쓰겠다는 마음자세로 시작하라고 말해주고 싶다.

03

누구나 작가가 되는
'일인일책' 시대

내가 사회 초년병이던 1980년대 후반에 경험한 일이다. 몸담고 있던 동료집단 사이에선 일 년에 한 차례씩 정기적으로 묘한 열병(?)이 돌곤 했다. 대부분이 대학에서 문예창작이나 국어국문학을 전공하여 신문사와 잡지사 기자로 들어온 그들은 봄부터 가을까진 자신의 본업인 '글쓰기 노동'에 충실하며 그런대로 흔들림 없이 살아간다.

그러다가 각 신문사들이 신춘문예 공고를 하고 작품접수를 시작할 즈음이면, 업계의 '문청(문학청년)'들은 한바탕 가슴앓이를 시작한다. 당시 작가들의 주요 등용문이었던 신춘문예 응모를 눈앞에 두고 설렘과 조바심의 복병이 도지는 시기가 바로 이 때인 까닭이다. 그러다 보니 한두 사람은 슬쩍 데스크에 사표를 던지고 스스로 고독한 유배지로 들어간다. 당선도 미래도 보장된 건 없다. 다만 '자기 글을 쓰기 위한' 분명한 이유가 있으므로, 실직의 불편함과 불안을 기꺼이 감수하는 것이다.

　평범한 사람이 책을 내고 작가가 되기 어려웠던 그 시절, 신춘문예는 작가가 되려는 지망생들에게 작가로 오르는 에스컬레이터 역할을 충분히 해주었다. 1920년대부터 시작된 우리나라 신춘문예 역사는 어언 80년이 넘었으나, 지금도 여전히 문학 지망생들에겐 가장 화려한 등단 관문이 되고 있다.

　그 때에 비해 오늘날 달라진 풍경이 있다면, 다양한 문학지와 출판사를 비롯하여 신인작가를 발굴하는 루트와 채널이 무척 다양해졌다는 것이다. 이는 작가로 진출할 수 있는 기회가 그만큼 많아졌고 폭도 넓어졌다는 뜻이다. 어디 그뿐인가. 굳이 공모전을 거치지 않고도 뜻만 있으면 단독으로 책을 펴낼 수도 있게 되었다. 개인 블로그 또는 카페에 자기의 창작소설이나 관심분야에 대한 글을 꾸준히 올리다가 출판사 편집자의 눈에 띠어 작가가 되는 일도 비일비재하다. 한정된 부수의 소량 출판이긴 하지만, 지자체에서 마련해준 자서전 쓰기 과정을 통해 책을 펴내는 이들도 꾸준히 늘고 있다.

　계보와 정통을 가리는 기성작가들 중에는 등단의 관문을 통과하지 않고 쉽사리(?) 작가가 되는 작금의 출판풍토에 대해 부정적인 인식을 갖고 있는 분들이 있다. 특히 카페와 블로그 등 사이버 공간이 글쓰기의 새로운 장으로 발돋움하면서 그 비판의 수위는 한껏 높아진 듯하다. 모르긴 해도 이들은 '작가의 대량 생산'이 작가들의 질적 저하와 수준 낮은 작품들이 쏟아져 나오는 것을 염려한 것이리라. 충분히 이해할 수 있는 부분이다. 그러나 글에는 형식에 따라 다양한 장르가 존재한다. 문학성과 격조를 갖춘 순수창작도 있고, 보고서나 칼럼, 생활일기처럼 일상과 연결된 실용문도 있다. 고급한 문학작품이야 신춘문예와 권위 있는 문학잡지 등을 통해 계속 발굴·육성되어야 하겠지만, 모두가 문학성 높은 글을 쓰는 문학인이 될 필요는 없다.

누구나 책 한 권 분량만큼의 이야기는 있다

실제로 인터넷 퍼블리싱이 가능해지면서 그동안 켜켜이 쌓아둔 자기만의 가슴속 이야기들을 사이버 공간에 토로하거나 표출하는 사람들이 늘어나고 있다. 이들은 삶의 고통스러운 부분들을 일기 쓰듯 털어놓으면서 자기 치유를 경험하고 어렴풋이나마 생활수필이 무엇인지를 알아간다. 비록 삶의 무게에 비해 세련미는 떨어질지라도 자기 삶이 고스란히 녹아있는 개인의 서사 글은 그 어떤 문학작품의 가치보다 크다는 것을 터득해 간다. 그렇게 해서 점차 글에 대한 감각도 익히고, 다시금 일상에의 생기를 되찾으며, 점차 문학과도 인연을 맺는 어른들을 보아왔다.

그러기에 나는 만나는 사람들에게 무슨 이야기든 자기 글을 써볼 것을 권장한다. 글쓰기와 책 쓰기를 인도하는 나의 직업 때문이기도 하겠지만, 그것이 아니어도 나이 마흔을 넘긴 사람이면 그에게는 책 한 권의 분량만큼, 아니 그 이상의 노래와 이야기가 있다는 것을 알기 때문이다. 우주는 우리 인생들에게 밋밋하고 호락호락한 환경만을 제공하진 않는다. 그가 누구든 '산골짜기를 지나고 험한 바다를 건너는' 다양한 인생 체험을 얹어준다. 또한 그 질곡을 용케 딛고 일어섬으로써, 기어코 '자기만의 고유한 음률과 장단과 노랫말'을 갖게 한다. 놀라운 삶의 신비가 아닐 수 없다.

그리하여 마흔 살 이상의 대한민국 국민이라면 저마다 자기 책 한 권은 가질 수 있는, '일인일책(一人一冊)' 시대의 도래를 꿈꾼다. 그러기에 출판 문턱이 낮아진 요즘의 풍토에 대해 나는 비판적이지 않다. 아니 이를 반기는 입장이다. 작가도 책을 사고 독서를 한다. 작가들의 독서량은 일반인들보다 훨씬 크다. 작가들은 또 다른 작가의 애독자인 것이다. 독서 인구 부족에 대해서는 아쉽게 생각하면서도 작가가 늘어나는 것에 대해서는 인색한 잣대를 들이대는 것은 바람직하지 않다고 생각한다. 문학출판은 말할 것도 없고 출판업계가 전반적으로 만성불황에 허덕인다는 뉴스를 접할 때마다 마음 한 구석이 써늘해진다. 우리의 정서가 그만큼 메말라 가고 여유가 없어진 탓일까 싶어서다.

시집이 베스트셀러 코너에서 밀려난 지는 오래 되었다. 그런 가운데 이례적으로 독자의 사랑을 꾸준히 받아온 베스트셀러 시인과 시집이 있다는 것은 천만다행이다. '꽃밭을 가꾸듯 글밭을 가꾸어 온 시인' 이해인 수녀의 경우다. 그이는 힘들고 지친 세상의 모든 사람들에게 위안의 메시지를 전해왔다. 이해인 수녀는 시인이 되려고 시를 쓰지 않았다. 정식으로 등단한 시인도 아니다. 일상의 감사와 아름다움을 틈틈이 적어둔 그의 시작 노트가 우연히 선배 시인의 눈에 띠었고, '시가 좋아서 혼자 보기 아깝다'며 그의 첫 시집(민들레의 영토, 1976년) 출간을 도왔다. 이후 지금까지 수십 권의 시집과 몇 권의 산문집을 펴냈는데 그의 대부분이 베스트셀러가 되었다.

정식으로 등단한 시인도 아닌데 그의 시가 왜 이렇게 남녀노소, 사회적 지위, 종교 등을 뛰어넘어 많은 사람들에게 사랑을 받았을까? 그는 이미 오래 전부터 자신의 시를 통해 치유를 경험했기 때문일 것이다. 2008년 이후 암 투병생활을 해온 중에도 전업 작가보다 더 꾸준히 시를 써 왔다. 사랑과 간구, 깨달음과 찬미, 참회와 기도의 언어로 정결한 시 세계를 펼쳐온 이해인 시인의 시들은 상처받은 사람들의 마음을 따뜻하게 어루만져 준다. 난해한 시어나 심오한 문학성을 앞세우지 않으면서도 '살가운 이모'처럼 다가가는 시들이다.

자기 돌아봄, 타자와의 공감 능력을 글쓰기로

돈 잘 버는 기업가가 많이 나오고 노련한 정치인이 많아야 우리의 삶이 행복해지는 것은 아니다. 오히려 정치적 탐욕과 경제적 탐욕이 커질수록 사회는 더욱 여유가 없어지고 우리의 삶 또한 강퍅해지기 쉽다. 시인이 많아지고 철학 하는 사람들이 늘어나야 한다. 글을 쓰고 독서 하는 사람들이 늘어나야 살 만한 세상이 된다고 믿는다. 주변에서 벌어지고 있는 숱한 사회 문제들 앞에서 서로를 탓하기보다는 인문학 독서와 글쓰기를 통해 자신의 상처를 스스로 치유하고 다른 사람의 날선 비늘을 쓰다듬어 줄 수 있어야 한다.

글쓰기는 단지 글을 쓰는 행위가 아니다. 잃어버린 동심, 자기의 돌아봄, 타인에 대한 연민과 공감능력을 깨우는 치유의 한 방편이며, 먼지처럼 떠다니던 생각들에 논리성을 부여한다. 분노의 감정을 다독여주고, 마음속의 욕망을 알아차리게 하며, 일상의 작은 풍경들을 애정 어린 시선으로 들여다보게 한다.

무엇보다 진솔함과 따뜻함이 담긴 당신의 글이 '지금 골짜기를 걷고 있거나 험한 바다를 건너고 있는' 누군가에게 위로를 건네는 응원가가 되어줄 것을 확신한다.

첫 책을 준비하는
예비저자가 알아야 할 것들

'책의 설계도' 목차

자신의 첫 책을 내고 싶어 하는 예비저자들에게 꼭 말해주고 싶은 것이 있다. 처음부터 '책'을 쓰겠다고 생각하지 말고, 그냥 '글'을 쓰라는 것이다. 처음부터 책을 쓰겠다고 생각하면, 그 분량의 중압감에 눌려 글 쓰는 일이 부담스러워질 수가 있다.

그러나 지나온 자기 삶을 돌아보며 자신의 생각을 정리하는 마음으로 꾸준히 글을 쓰다 보면, 그것이 한데 모아져 책이 되는 것이다. 당신이 전문적으로 글을 써온 사람이 아니더라도 짧은 글을 쓰는 일은 그다지 어렵지 않을 것이다. 이런 한 편 한 편의 글 수십 개가 모아지면 책이 된다.

중요한 것은 규칙적으로 꾸준히 써내려가는 습관이다. 매일 천자씩 써도 좋고, 평일에 시간이 여의치 않을 경우엔 일주일에

2편씩 쓴다든가 하는 식으로 자신의 생활주기를 고려하여 글쓰기에 집중할 수 있는 시간을 확보, 자신과의 약속을 끝까지 실천할 수 있어야 한다.

다만 무작정 쓰다 보면 책의 통일성이 떨어지고 자신이 무엇을 말하려 하는지 주제 전달이 모호해질 수 있으니, 책을 쓰기 전에 당신이 쓰고 싶은 글의 주제와 소재를 바탕으로 목차 정도는 짜놓고 시작하는 것이 좋겠다. 할 수만 있다면, 무엇을 말하고 싶은지, 무엇으로 독자의 관심을 끌어낼 것인지, 어떻게 그것들을 펼쳐낼 것인지, 누구에게 들려주고 싶은 이야기인지 등을 꼼꼼하게 정리할 필요가 있다. 처음 하는 작업이어서 혼자서는 엄두가 나지 않을 경우, 책을 낸 적이 있거나 출판에 대해 잘 아는 주변사람의 도움을 받는 것도 좋다. 아니면 쓰고자하는 책의 콘텐츠 발굴과 목차 구성에 도움을 얻을 수 있는 책 쓰기 강좌에 한 번쯤 참석해 보는 것도 방법이다.

소설·공상과학·논픽션 등 다양한 장르를 넘나드는 집필활동으로 전 세계 독자들의 사랑을 받아온 미국작가 스티븐 킹은 그의 저서 〈유혹하는 글쓰기〉 머리말에서 잔뜩 기대를 갖고 책을 펼쳐들었을 독자에게 '김빠지는' 한 마디를 한다. 글쓰기엔 비법이 없고, 글의 구성 따위는 필요하지 않다고. 킹의 논조는 곧 글이란 형식이나 구성에 얽매임 없이 그저 마음 가는 대로 쓰면 되는 것이다. 헐! 과연 그럴까? 이 말은 스티븐 킹이기에 가능한 역설이다. 글의 본질을 외면한 채 기교와 기술에 치중하지 말라는 가르침일 뿐, 우리의 글쓰기 현실에서는 결코 구성을 배제할 수 없다.

특히 책의 설계도에 해당되는 목차는 매우 중요하다. 목차를 제대로 짜지 않은 상황에서 무작정 글을 쓰다 보면, 책의 균형이 깨지거나 독자에게 무엇을 말하려는지 주제 전달이 모호해질 수 있다. 한 마디로 완성도가 떨어지기 쉽다는 얘기다. 누구나 처음 책을 쓰기 시작할 때는 의욕이 넘치는 상황이기 때문에, 자신이 아는 것을 최대한 쏟아내기 마련이다. 그러다 보면 글이 장황해지거나 힘이 많이 들어가기도 한다. 하지만 시간이 지날수록 의욕이 떨어지고 생각한 수준만큼 글이 따라오지 못할 경우, 실망하여 용두사미로 끝나는 경우가 적지 않다. 그것은 책의 도면과도 같은 목차 구성이 안 되어 있기 때문이다. 책의 뼈대를 세우지 않아서 부실공사가 되어버린 것이다.

매체·블로그 등에 고정칼럼 연재를

그렇다면 어떻게 접근하는 것이 내 원고가 출판사 편집자의 눈에 띌 가능성이 높아질까? 자기 책을 내기 위해 출판사를 설득하려면, 우선 자기 메시지가 분명하고 확실해야 한다. 책 전체의 윤곽을 알 수 있는 출판기획안을 통해 자기소개, 책의 콘셉트 및 차별점, 목차, 집필일정 등을 편집자가 한 눈에 알아볼 수 있게 작성하는 게 좋다. 여기서 콘셉트가 확실하지 않고 메시지가 진부하면 책이 되기 어렵다.

　가령 '자서전을 쓰는 방법'에 대한 책을 쓴다고 가정해 보자. 자신의 글을 편집자에게 소개할 때는 광고 카피처럼 좀 더 강렬하고 명쾌한 한 마디로 표현하는 게 좋다. '세상에 하나 뿐인 특별한 이야기', '삶보다 드라마틱한 이야기는 없다'는 식으로 좀 더 흥미로운 제목, 보다 매력적인 목차를 작성하여 브리핑할 필요가 있다. 특히 책의 제목은 편집자를 설득할 때도 유리하지만, 책이 나온 뒤에 홍보나 마케팅 할 때도 상당히 중요한 요소로 작용한다. 따라서 책의 제목과 콘셉트를 정할 땐 출판사가 탐낼만한, 섹시(?)하고도 매력적인 카피가 동원되어도 좋다.

　머리말과 지은이 소개 또한 중요하다. 대다수 독자들은 책을 구매할 때 제목 다음으로 표지날개 부분에 소개된 저자소개 글을 먼저 살핀다. 책의 저자로서 전문성과 역량을 갖췄는지를 가늠하기 위해서다. 따라서 소개문을 쓸 땐 경력이나 학력 수상경력 등만을 나열하기보다, 자기가 어떤 가치를 품고 살아가는지와 자신의 내적 관심사와 진정성을 담아내는 게 독자의 신뢰를 얻는데 유리하다. 마지막으로 머리말은 자기 책의 안내지도와 같다. 이 책이 주는 유익이 무엇인지, 어떤 내용을 다뤘는지 등에 대해서 자세하고 설득력 있게 풀어주는 게 좋다.

　대부분의 출판사는 기획출판을 한다. 편집자가 회의를 거쳐 채택한 기획안을 토대로 저자를 섭외하는데, 대체로 검증된 저자들에게 출판제안을 하는 경우가 대부분이다. 편집자는 적절한 저자를 찾기 위해 이미 출간된 책이나 신문을 비롯해 각종 미디어에 저자들이 쓴 칼럼을 검색한다. 몇 년 전부터는 인터넷의 블로

그·카페 등에 올려진 글만을 검색하는 블룩(blook, blog+book)
팀까지 있다. 물론 페이스북이나 트위터 같은 SNS를 활용하여
글을 올리는 사람도 많다. 하지만 예비저자들에게 늘 강조해온
것처럼, 블로그 같은 곳에 꾸준히 자신의 콘텐츠를 쌓는 것도 중
요하다. 설사 당장은 찾는 사람이 많이 없더라도, 내용만 괜찮으
면 점차 입소문이 나서 조회 수가 늘어날 것이고, 그런 과정에서
눈 밝은 편집자에 의해서 출판제안을 받을 수가 있기 때문이다.

다시 말하지만, 완성원고를 출판사에 보내는 것보다 편집자의
검색으로 눈에 띌 확률이 더 높은 '인터넷 퍼블리싱'이 효과적이
다. 저자가 되고 싶다면, 특정 신문에 자기만의 고정칼럼을 싣거
나 인터넷 매체를 활용하여 자신의 글을 노출 시키는 것도 방법
이다.

책은 독자에게 자기 마음속에 품어온 메시지를 전하는 일종의
연애편지와 같다. 그 편지를 받아든 독자에게 공감과 신뢰를 얻
기 위해선 자기가 쓴 텍스트에 대해 책임을 질 수 있어야 한다.
책이란 그 책을 읽는 누군가의 인생을 바꿀 가능성이 있는 매개
이기에, 자신의 메시지가 활자화된다는 것의 의미와 무게를 충분
히 느낄 수 있어야 한다. 책의 부피나 중량이 너무 비대해선 안
되겠지만, 글은 좀 묵직한 맛이 있는 쪽이 좋겠다. 단순히 색다
른 경험 내지 경력 쌓기 수단으로만 가볍게 보아선 안 되는 것이
바로 책이다.

한 권의 책이
출간되기까지

한 시대의 유행이나 대중들의 관심을 알고 싶다면, 출판시장에 나와 있는 책들을 살피라는 말이 있다. 책은 광고·영화와 더불어 그 시대의 관심사와 트렌드를 가장 극명하게 보여주는 문화의 첨병이다.

지난 몇 년간 국내 출판계는 〈아프니까 청춘이다〉, 〈멈추면 비로소 보이는 것들〉처럼 독자를 위로하는 힐링 서적과 자신을 바꾸고 꿈에 도전하라는 내용의 자기계발서 저자들이 주름잡는가 싶더니, 요즘엔 인문학자들이 출판계의 새로운 강자로 떠오르고 있다. 그 중에서도 철학, 여행, 영화 등의 주제가 출판가의 새로운 이슈로 부상했다.

사람들은 책이 작가 한 사람의 수고로 쓰인다고 생각하기 쉽다. 그러나 서점가에 쏟아져 나오는 책들이 저자의 노력만으로 세상에 나온 것은 아니다. 저자 뒤에는 전문적으로 도서를 기획하고 제작하는 출판편집자의 세계가 있다. 단행본 서적은 말할 것도 없고 잡지·사보 등과 같은 정기간행물에 이르기까지 한 권의 책이 출판되어 독자의 손에 들어가기까지는 편집자를 비롯해 많은 출판전문가들의 협업과 눈에 보이지 않는 땀이 녹아 있다. 업무영역은 세분화 되어있으나, 편집전문가로 일하는 대부분의 사람들은 기획 단계부터 책이 제본되어 나오기까지의 전 과정에 참여하게 된다. 그런 만큼 이들은 현장에서의 편집 실무에 탁월한 사람들이다.

출판 실무자의 협업과 땀이 깃든 종합예술

그들의 이런 수고를 잘 알기에, 나는 온·오프라인 서점에서 구매한 책들은 물론이고 작은 간행물 하나 얇은 소식지 한 장도 소홀히 대하질 않는다. 특별히 글이나 편집에 대한 감각을 키우고 싶다면, 출판간행물 중에서도 기업에서 발행하는 사보를 참고해 볼만 하다. 대부분의 사보들은 몇 페이지 안 되는 분량이지만, 콘텐츠 구성도 좋고 게재된 필자의 글이며 편집 등이 잘돼 있어 배울 게 있기 때문이다. 특히 사보 편집은 그림 하나 제목 하나에도 심혈을 기울여 제작하기 때문에 출판감각을 키우는데 큰 도움이 된다.

평소 아파트 우편함에 쌓이는 각종 무가지 간행물들을 나는 그때그때 읽지 못하고 한꺼번에 모아두는 버릇이 있다. 그러다가 어느 날 몰아서 그것들을 살펴본 뒤 신문과 함께 밖에 내놓게 된다. 아무리 사소해 보이는 소책자라 할지라도 허투루 대할 수 없는 것은 그것을 제작하는 과정에서 보이지 않게 수고한 편집자들의 수고를 알기 때문이다.

출판편집자는 주제를 정하고 원고를 기획하는 일부터 작가 섭외, 편집, 마케팅 및 홍보, 영업, 제작 등 다양한 과정에 참여한다. 기획 단계에서 편집자는 최근 출판동향과 시장상황, 독자들이 원하는 책의 주제들을 조사하고 분석한다. 이후 조사내용을 바탕으로 시장성, 다른 출판물과의 차별성, 최근 트렌드 등을 고려해 세부적인 기획안을 작성한다. 이 단계에서는 필자 선정을 비롯해, 책의 편집 방향이 어느 정도 포함되며, 원고가 완성되면 이를 수정 · 보완하는 작업이 함께 이뤄진다.

제작 단계에서는 인쇄와 제본과정을 관리하고, 출간시점에서는 홍보 및 마케팅전략을 수립하게 된다. 최근에는 인터넷 서점이나 각종 매체를 통한 홍보 · 마케팅의 중요성이 점차 커지면서 실질적인 책의 제작은 기본이고, 홍보 · 마케팅 업무 또한 출판편집자의 중요한 임무가 되고 있다.

㈜도서출판 '아름다운사람들'의 김초희 편집자는 '책은 하나의 콘텐츠를 담는 것으로 기획, 편집, 제작 영역의 협업이 무엇보다 중요하고, 여기에 디자인, 홍보, 마케팅 분야 전문가들의 도움이 더해져야 독자에게 사랑받는 책이 나올 수 있다'고 조언한다.(한겨레신문, 2012.9.3. 사회면 '꿈 찾는 직업 이야기' 중에서)

연간 4만여 종의 신간이 쏟아져 나오는 출판시장에서 어깨를 겨루며 베스트셀러를 만들어내기 위해 각 출판사들은 독자대중의 요구와 시장의 흐름을 파악하지 않으면 안 된다. 모든 흥행문화산업이 그러하듯, 출판 역시 남다른 기획력과 마케팅 능력이 요구되는 것이다.

출판물 전문가로 입문하는 데는 특별한 전공의 제한이 없다. 대개는 전문대학이나 대학교에서 국어국문학 등의 문학 관련학과, 문예창작과, 사학과, 철학과 등 인문학 관련학과, 출판미디어학과, 광고학과, 홍보학과 등 다양한 전공자들이 진출할 수 있는 분야다. 책을 좋아하고 출판환경에 대한 이해가 뒷받침되어 있으면 좋다. 시장이 요구하는 걸 간파하는 분석적 안목, 같은 대상도 다른 시각으로 바라볼 줄 아는 '창의성'이 요구된다. 출판사에 입사해 어느 정도 일정 기간 이상의 경력을 쌓는 것도 도움이 된다.

출판 관련 경력이 없는 사람들의 경우, 관련 협회의 아카데미 등을 통해 출판 기획 및 편집에 관한 교육을 받으면 이 분야의 진출에 더 유리하다. 경력 없이 출판사에 신입으로 입사할 경우엔 자료 조사 등을 시작으로 출판, 편집업무, 홍보, 마케팅 업무 등을 순차적으로 경험하면서 점차 출판기획에 대한 경력을 쌓게 된다.

독자와 호흡하는 책, 독자가 찾는 책을 만들고 싶다면, 오히려 출판사 밖에서 많은 경험을 해보는 것도 좋은 방법이다. 출판과 관계없는 다른 직업도 가져 보고, 돈도 벌어보고, 글도 써보고, 서점에서 아르바이트도 하다가 출판편집에 뛰어들어도 늦지 않을 수 있다. 편집자로서 시작이 늦은 듯하지만, 다양한 인생 경

험이 오히려 대중이 원하는 출판물을 만들어내는데 유리하게 작
용하기 때문이다.

　최근 출판 트렌드는 출판사에서 단행본 기획을 먼저 잡고 해
당 내용을 잘 쓸 수 있는 저자를 직접 물색하는 방식의 '기획출
판'이 주를 이루는 듯하다. 때문에 편집자에게는 탁월한 기획력
이 요구된다. 대부분의 출판사에서는 책으로 낼만한 기획물들을
많이 확보해 두고 있지만, 오히려 '기획출판을 잘 살릴 수 있는
필자를 찾는 것이 더 어렵다'는 게 출판편집인들이 이구동성으로
하는 말이다.

　그러다 보니 이미 검증된 저자들에게 출판제의가 몰리고, 상
대적으로 신인저자들에게는 출판사 문턱이 높아진 게 출판업계
의 현실이다. 또한 오래 지속돼온 출판업계의 불황으로 책 판매
율이 부진하다 보니, 이제 저자들은 인세만으로는 생활이 어렵게
됐다. 이런 현상은 자기 계발서 저자들에게 더 두드러진다. 오히
려 그들은 책 출간을 계기로 파생되는 강연 등의 기회를 통해 부
가적인 이익을 얻는 경우가 많다.

　그러므로 자기 계발서와 관련된 기획은 어떤 지식을 전달하기
보다 독자들의 마음을 움직이는데 초점을 둬야 한다. 동시대를
살아가는 대중들이 무엇이 결핍되어 있고 무엇을 욕망하는지를
간파하여 단행본 기획도 그것에 맞춰서 하는 게 중요하다. 특별
히 인문학 관련서 출판을 기획하는 작가의 경우엔 사람을 이해하
고 연구하며 사회현상을 보다 관심 있게 들여다보는 훈습(薰習)이
필요하다.

06

글쓰기의 첩경은
'읽기'다

● "만 권의 책을 읽고, 만 리 길의 여행을 떠나라."

독서의 중요성을 강조한 소동파의 '만권독서 · 만리여행'에 관한 이 가르침은 시대를 뛰어넘어 오늘날까지 문기(文氣)를 얻기 위한 중요한 비책으로 통한다. 즉 다양한 책을 읽으면서 선인들의 지혜와 지식을 습득하고, 만 리를 여행하면서 겪은 다양한 경험을 통해 견문을 넓히고 통찰력을 얻는다는 뜻이다. 책은 인생의 안내자이며, 인간 존재의 근거와 가치를 밝혀주는 나침반이다.

인간의 활동이 의식적이든 무의식적이든 독서 활동에서 결코 자유로울 수 없는 것은 인류 역사의 축적인 문화, 문명, 문물, 인문 등이 모두 '문(文)'이라는 어휘를 포함하고 있다는 사실에서도 엿볼 수 있다. 인류는 문자를 통해서 지식과 경험을 축적하고 계승 · 발전시켜 왔으며, 그 기록의 흔적을 따라가는 독서 활동을 통해 세계를 구성하고 현대문명을 발전시켜 왔다.

특별히 인문학은 단순한 공부가 아니어서 관련독서가 더욱 필요하다. 인간을 둘러싼 근원 문제, 인간의 사상과 문화, 역사 등에 관해 탐구하는 이 분야의 공부는 정답도 없고, 골인 지점도 없다. 끊임없는 고찰과 사유의 연속, 그리고 새로운 물음을 통해서 조금씩 습득해 가는 것일 뿐. 이 여정에서 책은 우리에게 훌륭한 안내자 역할을 해준다.

좋은 책은 우리에게 거울과 길을 동시에 내어준다. 책을 통해 삶의 주소와 색깔을 진단해보고 혹여 수정할 부분은 없는지 살피게 된다. 저자가 느낀 진정한 기쁨과 새로운 통찰에 함께 참여하면서도 거기에 머물지 않고 그것이 촉발해낸 나의 생각과 아이디어를 챙기도록 독려한다. 산해진미인들 이보다 더 맛있으랴. 또한 좋은 책은 단순히 '읽는(독자)' 행위에서 그치지 않고, '글쓰기(저자)'의 숲으로 걸어 들어가도록 이끈다. 독서와 책 쓰기의 밀접성은 다산 정약용 선생이 유배지에서 두 아들에게 보낸 편지에서도 잘 나타나 있다.

"글을 쓰려고 한다면 반드시 먼저 세상을 다스리는 경학(經學)을 읽어서, 문장의 기초와 뿌리를 단단하게 세워두어야 한다. 그런 다음에 역사관련 서적들을 두루 공부하여 나라와 개인이 흥망성쇠(興亡盛衰)하는 근원을 알아야 하고, 일상생활에 유용한 실용 학문에도 힘을 쏟아 옛사람들이 남겨 놓은 경제서(經濟書)를 즐겨 읽어야 한다. 마음속에 항상 모든 백성을 보살피고 모든 사물을 기르려는 생각을 품어야만, 글을 읽는 참다운 사람이라고 할 수 있다.

내가 말한 대로 해 본 다음에 안개 낀 아침이나 달 밝은 밤, 짙은 나무그늘과 가랑비 내리는 때를 만나면 문득 감흥이 일어나 시를 읊게 되고, 문장의 구상이 떠올라 글이 써질 것이다. 이것이 바로 하늘과 땅, 자연의 소리가 맑게 울려 퍼지는 가운데 생동감 있는 글을 짓는 문장가의 창작 활동이다. 너희들은 내 말이 너무 지나치다고 생각해서는 안 된다."

—정약용의 '다산시문집' 중에서

최근 흥행돌풍을 몰고 왔던 화제의 영화 '명량'으로 새롭게 관심을 모은 이순신 장군도 처음부터 무예를 갈고 닦은 무장은 아니었다. 혼인하기 전인 21세까지 문과 과거시험을 치렀으니, 어린 시절부터 천자문을 비롯해 사서삼경과 논어·맹자 등을 두루 공부했던 것으로 알려진다. 장군의 이런 인문학적 소양은 후에 무관이 되어서 고스란히 빛을 발한다. 기록의 중요성을 알고 난중일기를 탄생시켰던 것이 문학의 힘이요, 시대 상황을 읽을 수 있었던 직관이 역사를 아는 힘이요, 백성에 대한 애민애족의 마음은 바로 철학의 힘이었을 것이다.

조선 후기 실학자 이덕무 선생 역시 독서를 삶 자체로까지 강조하였으니, 절망의 시대를 살았던 우리의 선조들은 한 결 같이 책 속에서 길을 찾았으며 손수 집필한 책을 통해 후대에게 새로운 길을 제시했음을 알 수 있다.

그러므로 책을 읽는다는 것은 단순히 책 속의 내용을 아는 것에 그치는 것이 아니라, 다른 사람이 발견한 새로운 가치를 통해 자신의 지혜를 넓혀 나가는 지적 과정이며 열린 세계로의 지평을 확장해주는 생산적 활동이다. 또한 독서는 의사소통 능력을 향상시키고, 사고력과 논리력을 증진시킨다. 문제 해결 능력을 높이고 나아가 긍정적인 정서를 강화해 주는 역할을 한다. 그러므로 인간의 도리를 챙기며 공동체 생활에 필요한 행동양식을 놓치지 않기 위해서는 항구적인 독서 활동이 필요하다.

책읽기 · 토론 · 글쓰기 수업을 통한 공부가 필요하다

세계 경제를 이끄는 유대인들은 독서를 그들 삶의 일부로 여긴다. 그들에게 독서는 선택의 문제가 아니다. 잠을 자고 식사를 하는 것과 같은 일상이다. 그들은 태어나서 죽을 때까지 읽고, 토론한다. 그리고 쓴다. 그러한 문화적 환경 때문인지, 유대인들 중에는 유독 작가와 저술가들이 많다. 대표적인 예로, 세계 인구의 0.2%(약 1천400만 명)에 불과한 유대인들이 역대 노벨상 수상자의 23%(175명)를 차지하고 있는 점을 꼽을 수 있다. 미국 아이비리그 대학 교수의 20%가 유태계이고 미국 100대 부호 중 20%가 유태계라는 통계도 있다. 어려서부터 독서와 글쓰기를 가장 중요한 공부로 채택하여 훈습하는 이들의 교육환경과 무관하지 않을 것이다. 이렇듯 세계경제와 학술 등 다방면에서 그들이 선두에 설 수 있었던 무기는 바로 독서였으리라.

미국의 명문사립 중고등학교의 인문고전 독서 열기는 놀라울 정도다. 플라톤의 〈국가론〉과 같은 인문고전을 꾸준히 읽고 그것에 대해 에세이를 쓰고 토론을 한다. 미국 대학생들의 경우는 한층 더하다. 하버드, 옥스퍼드, 세인트존스 등의 대학은 4년 동안 인문고전 100권을 선정하여 읽고 토론하고 에세이를 쓰는 게 교육과정의 큰 축을 이룬다. 세계 유명 대학생들의 연평균 독서량은 100권에 달한다. 최근 들어 우리나라 명문대학들도 인문고전 권장도서목록을 선정, 책을 읽고 필독서를 쓰는 것을 교육과정으로 채택하고 있다.

노벨상을 석권해온 유태인들의 독서습관이 이미 말해주고 있는 것처럼, 독서는 개인에게 잠재된 능력을 이끌어내는 가장 좋은 방법 중의 하나다. 요즘 우리 젊은이들은 취업을 위해 각종 자격증을 취득하는 등 스펙 쌓기에 저마다 열심이다. 하지만 예비사회인으로서 이들이 가장 우선해야 할 목록은 단연 독서가 되어야 할 것이다. 아니 21세기 미래의 학생들에게 정말 필요한 공부는 책읽기와 토론과 글쓰기 수업을 통한 지식 쌓기가 되어야 한다. 한 국가의 발전과 위상이 젊은이들의 독서에 달려 있기 때문이다. 용기는 지성에서 나오고 지성은 책에서 나온다.

다행히 우리나라의 교육과정과 입시에서도 독서와 글쓰기의 중요성이 높아졌다. 독서교육·글쓰기 교육의 패러다임도 많이 바뀌었다. 초중고 모두 글쓰기로 표현되는 수행평가의 비중이 과거에 비해 늘어났고, 대학 진학 때는 논술로, 대학에 입학해서는 과제와 시험 답안 작성이 글쓰기가 된다. 직장에 입사하고 나면 아이디어와 업무를 문서로 제출하며, 설득력 있게 토론하는 능력을 요구받는다. 한마디로 글쓰기를 자유롭게 소화하지 못하면,

그가 학생이든 사회인이든 좋은 성적을 기대하기 어렵게 됐다.

　좋은 글쓰기의 첩경은 좋은 책 읽기다. 프란츠 카프카는 '책이란 무릇 우리 안의 꽁꽁 얼어버린 바다를 깨뜨리는 도끼가 되어야 한다.'고 했다. 얼음을 깨고 나온 글은 우리에게 삶의 자양분을 선사한다. '독서는 머리로 하는 여행, 여행은 발로 하는 독서'라는 말이 있다. 독서를 통로로 자아를 찾아가는 여행 또한 우리가 살아 있는 동안 계속 해나가야 할 습관이다. 이미지와 영상이 넘쳐나는 시대에 살고 있지만, 책읽기와 글쓰기는 시대를 초월하여 인간이 소통하는 최고의 방법이다. 독서는 생활이며 궁극적으로 '삶 읽기'라고 할 만하다.

07

평범한 삶을
책으로 엮는 방법

세계 최고의 MBA로 꼽히는 와튼 스쿨에서 13년 연속 인기를 끌었던 강의내용을 책으로 펴낸 스튜어트 다이아몬드의 〈어떻게 원하는 것을 얻는가〉라는 저서에서 저자는 원하는 것을 얻기 위해서 우리가 가져야 할 필수불가결한 덕목으로 '역지사지(易地思之)'를 꼽았다.

책을 출판하는데 있어서도 이 덕목은 그대로 적용된다. 책이란 결국 남이 보라고 쓰는 것이다. 절실함보다 중요한 건 '누가 읽을 것인가'이다. 철저하게 독자의 시각으로 세상을 바라보고 독자의 입장에서 생각하며 독자가 관심을 가질만한 이야기를 전개해 나가야 한다는 얘기다. 물론 이 논리가 항상 옳은 것은 아니다. 글쓴이가 깊게 고민해 왔고 절실하게 쓰고 싶었던 주제를 개진할 경우 오히려 독자의 마음에 더 쉽게 다가가기도 한다.

사실상 많은 사람들이 자기 책을 펴내기를 갈망하며, 원고를 쓰고 출판사를 찾아 나선다. 그러나 안타깝게도 이들의 원고가

다 책이 되는 건 아니다. 아니 대부분 책이 되지 못한다. 최종적으로 원고 출간 여부를 결정하는 쪽은 책 제작비를 부담하는 출판사이니 만큼, 출판사가 어떤 원고를 원하는지 파악하는 것이 중요하다. 원고를 제공하는 자기 입장이 아닌, 책을 출간하는 출판사 측의 눈높이와 독자의 눈높이를 읽을 수 있어야 한다. 즉 역지사지가 책 출간 여부를 가늠하는 중요한 요인이 된다는 얘기다.

그런데 책의 저자가 되고 싶어 하는 많은 사람들이 바로 이 부분을 놓친다는 것이다. 가령, '나는 이렇게 회사를 때려치우고 창업을 했다', '나는 회사에 사표를 던지고 세계 일주를 다녀왔다' 식의 자기 계발서나 처세술에 관한 투고물이 그 예다. 예전엔 회사가 평생직장이었고 안정돼 있었기에 회사를 나온다는 것은 굉장히 무모한 행위로 간주됐다. 그러나 지금은 대기업을 뛰쳐나오는 사람들도 많아서 더 이상 새로운 토픽이 되지 않는다. '전셋집을 빼서 지구촌 한 바퀴를 돌고 왔다', '삼백만 원으로 백억 부자가 되었다', '회사가 절대 가르쳐주지 않는 비밀 ○○가지' 같은 원고도 이젠 새로운 것이 못된다. 이런 쪽으로는 이미 출간된 책들이 많기 때문이다. 원고 내용이 아무리 좋아도 타이밍을 고려하지 않을 수 없는 게 바로 출판시장이다.

이와 유사한 원고를 내미는 예비저자들의 공통점은 자기가 쓴 원고의 콘텐츠와 출판시장 점검을 하지 않았다는 것이다. 도서 검색을 해보면 비슷한 콘셉트의 책을 쉽게 찾을 수 있다. 그리고 그에 대한 독자들의 서평과 반응이 나와 있을 텐데, 이런 상황을 잘 모르고 막연히 '이런 책은 없으니 분명히 대박일 걸', '이 원고는 새로운 트렌드가 될 거야'라고 생각하는 것이다. 즉 많은 원고들이 다들 자기 얘기 꺼내기에 바쁘지만, 정작 책을 내줄 출판사가 원고에 대해 무엇을 요구하고 어떤 원고에 열광하는지에 대한 관심은 덜 기울인 채 쓴 경우가 적지 않다. 자신이 쓰고자 하는 내용에 대해 꼼꼼한 조사와 분석을 거치면, 비록 다루는 분야나 소재가 같을지라도 접근방식이나 관점을 새롭게 하여 얼마든지 새로운 책이 되게 할 수 있다. 요컨대 자신의 원고를 객관화하여 준열하게 평가하는 장치가 필요하다는 것이다.

차별화된 자기만의 콘텐츠와 관점이 관건

우리가 어떤 글을 읽고 가슴이 뭉클해지거나 감동하게 되는 것은 작가의 글쓰기 능력이 탁월해서가 아니다. 삶을 대하는 그의 진지하고 적극적인 태도 때문이다.

절망과 위기의 순간에 용기와 지혜를 발휘하여 상황을 역전시킨 이야기, 사업에 실패하여 삶의 터전을 잃고 가장 믿었던 사람들마저 등을 돌려 모든 게 끝나버린 것 같은 그 지점에서 생각을 긍정으로 바꿔 다시금 자기 인생을 복구해나가는 이야기, 기발한 아이디어 하나로 세계를 자기 무대 삼아 꿈을 펼쳐나가는 20~30대 청년의 적극적이고 진취적인 인생 도전기, 폭력과 배신과 복수가 난무하는 어둠 속에서 빛과 사랑의 꽃을 피워낸 연꽃 같은 이야기, 악을 선으로 바꿔놓은 용서와 화해의 이야기, 발상의 전환으로 자기 안의 창조성을 끌어내 자신만의 콘텐츠와 이론을 세워 새로운 트렌드를 선도하는 하이브리드적인 삶…. 뭔가 남들과는 다른 그만의 삶의 무늬, 그만의 관점이 독자의 가슴을 울리거나 감동을 주는 것이다.

결국 독자들을 향해 자신만이 들려줄 수 있는 주장이나 이야기가 있어야 한다. 달리 표현하면, 자신만의 콘텐츠가 있어야 한다는 뜻이다. 설령 글쓰기 능력이 다소 떨어지더라도 관점이 분명하고 콘텐츠만 확실하면, 전문가의 도움을 받아 얼마든지 좋은 책을 만들 수가 있다. 반면 자신의 콘텐츠만큼은 어느 유능한 편집자라도 대신 쥐어줄 순 없다. 자기 삶을 담아낸 책은 '픽션'이 아닌, 사실을 바탕으로 써야 하기 때문이다. 그러므로 글쓰기 기술을 익히는 것보다 우선돼야 하는 것은 수동적인 삶에서 벗어나 자기 삶을 적극적으로 살아내는 근실한 자세다. 자신에게 다가온 지금의 삶에 더 깊은 애정을 갖고, 세상의 한복판으로 긍정의 발걸음을 옮겨 놓는 일이다. 진취적이고 성실하게 살아내는 경험이 우선돼야 한다.

책은 자기가 경험한 분량만큼 나오게 돼있다. 글은 자기가 살아온 삶에서 나온다. 따라서 책을 쓰는 사람이라면 자신에게 되묻지 않을 수 없다. '나는 책이 나올만한 삶을 살아왔는가?' 그래서 자신의 무엇이 책이 될 수 있을지 답을 찾기가 모호하다면, 지금부터라도 자기 삶을 새롭게 수정해나가야 한다. 수동적인 삶에서 벗어나 적극적인 삶으로, 부정적이고 비관적인 사고에서 긍정적이고 희망적인 사고로 자신을 새롭게 변화시킬 필요가 있다.

글을 쓰고 책을 낸다는 것은 궁극적으로 '자기 삶의 정원을 고르고 가꾸는' 일이다. 세상에 이름을 알리고 활동무대를 넓히고 하는 것은 그 뒤의 문제다.

08

독서가 청소년들의 성장에 미치는 효과

좋은 책은 자라나는 아이의 앞날에 다방면으로 힘을 실어준다. 책 속 주인공과의 동일시를 통해 자신을 이해하고 타인을 이해하며 자연과 더불어 사는 법을 배우게 되는 것이다. 이런 긍정적인 변화는 곧 아이의 아픈 마음을 치유하고, 다른 사람들과의 관계를 원활하게 도와주며, 아이의 인생을 전인적으로 성장시킨다.

미국의 문학비평가 해럴드 블룸 역시 독서치유의 중요성을 강조한다. 특히 우리 인생에서 문학 독서가 중요한 까닭은 '책이 가진 탁월한 인생 치유력'에 있다고 말했다. 우리는 수많은 상처와 시련을 겪고 견디며 살아간다. 그런데 이 상처 많은 인생이 세상의 험한 강을 건너기 위해서는 마음의 단련과 회복이 무엇보다도 필요한데, 이를 가장 성실하게 도울 수 있는 것이 바로 책이라는 것이다. 훌륭한 책은 깊은 울림을 주며 그 울림을 통해 사람의 마음을 더 나은 방향으로 변화시킨다. 또한 좋은 책을 읽는 사람은 그 새로이 변화된 마음으로 현실의 어려운 삶을 살아나갈 용기를 얻는다.

많은 부모가 자녀에게 적잖은 시간을 들여가며 책을 읽게 하는 것도 비슷한 이유에서일 것이다. 어떤 영역에서 부분적으로 미흡한 지능을 독서를 통해 끌어올릴 수 있고 불완전한 인생을 그나마 완성품에 가깝게 다듬어주는 위력이 독서에 있음을 아는 까닭이다. 결국 책을 잘 읽는 아이란 책을 통해 마음이 자라는 아이인 것이다.

〈독서력〉의 저자 사이토 다카시에 의하면, '독서는 우리를 가장 인간답게 나아가도록 이끄는 최고의 방법'이라 했다. 독서의 목적은 단순히 지식이나 정보를 손에 넣는 것에만 있지 않다. 특별히 인문학관련 독서는 지성을 갈고 닦고 감성을 풍부하게 하는 동시에 뛰어난 사람들을 자신의 내면에 살게 한다. 독서는 혼자 하는 듯하지만 결코 혼자 하는 것이 아니다. 책을 쓴 사람과 함께 하는 시간이다. 저자가 심혈을 기울여 만든 문장을 음미하는 시간, 독서를 좋아하는 사람은 책 읽는 시간의 풍요로움을 안다.

책의 가치는 한 독자가 독서를 통해 자기 삶의 영역에서 지혜를 발휘할 때라고 할 수 있다. 그러니 영향력 있는 몇 권의 책을 통해 인생을 감동적으로 살아가도록 돕는 일이야말로 아이의 책읽기의 정도다. 또한 아이에게 그 영향력 있는 책을 선별해주는 역할은 당연히 부모를 비롯한 교사나 독서전문가가 해야 할 일이다. 특히 부모와 교사는 좋은 책을 선별하고, 아이가 책을 온전히 소화하는 힘을 길러줄 수 있어야 한다.

독서지도나 독서상담이 아이에게 중요한 이유에 대해서도 생각해볼 필요가 있다. 거두절미하고 독서치료나 독서지도가 청소년에게 미치는 핵심 효과를 말한다면, 그것은 책이 아이의 '전인적 성장'을 돕는다는 것이다. 마음의 상처 치유, 문학적 소양증대, 타인의 마음을 헤아릴 수 있는 감성능력 증대, 대인관계 능력 증진, 사안에 대한 전반적 이해력과 통찰력 향상 등 청소년 대상의 독서지도 효과는 무궁무진하다. 이와 관련, 독서치료 전문가 박민근(퇴계문학치유연구소 소장)씨는 어린이의 성장에 독서가 필요한 이유를 다음과 같이 설명하고 있다.

첫째, 아이의 지적 성장을 돕는다. 책에는 미처 부모나 주변 어른이 알려주기 힘든 생활의 지식과 정보들이 풍부하게 담겨 있다. 아이들이 책으로 지식을 얻는 법을 알게 되면, 보다 쾌적하고 풍요로운 지적 성장이 가능해진다. 아이로 하여금 독서습관을 길러주면 아이는 평생 지식을 잘 활용하는 사람이 될 수 있다. 그러자면 아이가 책의 정보를 제대로 이해할 수 있게 이끌어줘야 한다. 이 때 필요한 것이 체계적인 독서지도다.

둘째, 책은 두뇌 성장을 돕는다. 독서는 그 자체만으로도 유용한 두뇌자극 활동이다. 꾸준히 책을 읽는 아이들의 두뇌성장은 그렇지 않은 아이와는 확연히 차이가 난다. 인간이 고안한 도구 가운데 가장 뇌를 활성화시키는 매체가 책이다. 난독증이 있는 아이조차도 몇 주간의 읽기 연습으로 놀라운 뇌 변화가 목격된다는 연구도 있다. 책은 아이의 뇌를 긍정적으로 변화시키는 가장 효율적이고 적합한 매체이다.

셋째, 책은 아이의 품성 발달을 돕는다. 책 속에는 아이들이 갈고 닦아야 할 긍정적인 성품들이 다채롭게 녹아 있다. 좋은 책은 진선미의 전시장이다. 특히 아이들이 자주 읽는 그림책에는 인류가 가꾸어온 소중한 덕성들이 풍부하게 담겨져 있다. 사랑, 이타심, 희생, 배려심 등은 현실에서보다 책에서 더 자주 다채롭게 펼쳐지고 아이들은 책을 통해 이를 배워나갈 수 있다. 단지 체험만으로 긍정적인 성품을 모두 배우자면 너무 많은 시간을 필요로 한다. 책을 통해서 더 감동적으로, 또 정확하게 인지하면서 이런 긍정적인 덕성들을 습득할 수 있다. 책은 어린이를 바르게 키운다.

넷째, 어린이는 책에서 자신의 심미성을 계발한다. 인간은 아름다움을 추구하는 존재이다. 요즘 들어 미감(美感)의 중요성은 더 강조되고 있다. 여러 이유에서 미적 능력이나 감수성은 어린 시절 공들여 키워야 할 능력이다. 특히 예술과 신체활동은 어린이의 감수성 발달을 돕는다. 아이들이 읽는 그림책은 그 자체로 하나의 예술작품이다.

좋은 그림책은 시와 소설과 명화들이 어우러진 종합예술품이다. 좋은 그림책을 풍요롭게 접한 아이들은 대상에서 미적 요소를 발견하는 감식력이 더 뛰어나다. 대상의 균형과 비례, 색감에 대한 이해도가 높아지고, 말의 아름다움, 리듬감, 유기적 대화능력들을 더 잘 배울 수 있다. 게다가 책을 통해 심미성의 핵심이라고 할 수 있는 풍부한 상상력을 키워나갈 수 있다.

다섯째, 책은 아이의 체험의 질과 양을 늘린다. 로버트 스턴버 그는 IQ라고 할 수 있는 분석적 지능보다는 실생활에서 지혜롭게 상황을 대처할 수 있는 능력인 실용지능이 더 중요하다고 말하는 학자이다. 잘 아는 것보다는 잘 응용하고 실행하는 것이 나은 능력이라고 말한다. 책은 아이들에게 세상의 많은 일들을 미리 알려주는 간접경험의 보고라고 할 수 있다. 깊은 이해는 직접경험에서만큼 선체험의 질과 양에 의해 좌우되기도 한다.

읽은 책과 관련된 적절한 체험활동이 어우러져야 아이가 실전에 강한 청소년으로 자랄 수 있다. 이 둘의 조화로움은 더 능동적이고, 활달하며, 삶의 문제를 잘 헤쳐 나가는 실행형 아이로 자라게 한다. 오로지 실전만으로 아이의 실용지능을 높일 수는 없다. 책과 삶을 잘 융합해 시너지를 일으켜야 진짜 실행 중심의 아이로 기를 수 있다. 좋은 책은 꼭 알아야 할 대상과 체험에 대한 이해와 바른 대처법을 알려주어서 아이 나름의 실행 기술을 일깨운다.(조선일보 인터넷신문 2013.4.23 '심리건강칼럼' 중에서)

이렇듯 책은 어린이에게 다양한 선물을 안겨준다. 힘들 때는 위안을 주며, 알고 싶을 때는 지혜를 주고, 때로 아름다움을 느끼게 하며, 선한 마음의 정의를 깨닫게 한다. 책이기에 이 모든 일이 가능한 것이다. 그러므로 책의 가치를 잃지 않게 하기 위해 책을 소중하게 다루는 습관을 길러주는 것도 중요하다. 책을 대하는 부모나 독서교사의 이상적인 모습을 접한 아이들은 분명 책을 아끼고 존중할 것이다.

3장 자서전 쓰기와 삶의 가치 발견

자서전 쓰기와
삶의 가치 발견

3장

내 이야기 어떻게 쓸까
─자서전 집필 방식

　　요즘 서점가에선 개인의 역사를 다룬 평전 · 자서전 · 전기소설 등이 대세를 이루는 가운데 출판물의 한 축을 형성하고 있다. 이러한 책의 특징으로는 저자가 직접 쓴 경우와 후대에 새롭게 써진 경우. 그리고 대화형식 등 인물의 일생을 전하는 방법이 다양해졌다는 점이다.

　본래 자서전은 기행문, 일기문, 수상록, 회고록 등과 같은 수필의 한 영역이다. 이 자서전의 영역은 자기의 일상적인 느낌을 비롯해 신변잡기인 '경수필'과 문학적인 품격이 뛰어나며 감동의 요소가 짙은 '중수필'이 있는데, 이러한 격조 높은 수필을 쓰는 것은 전적으로 삶을 대하는 저자의 마음가짐과 진솔한 인격에 달려 있다. 특히 자서전은 저자가 그 어떤 전기 작가도 알 수 없는 정보를 소유하고 있다는 점에서 대단히 독특한 장르다.

지난 생애를 담은 수필식 자서전(Essography)

자서전에는 여러 형태가 있다. 첫째는 자신의 사업 성공이나 업적이나 수상 등의 내용을 담은 자기성공담식 자서전이다. 이러한 자서전의 내용은 자기 자랑 일색이다 보니 많은 사람에게 읽히기 어렵고 문학적 가치도 없기에 저자의 서고나 책상에만 놓일 뿐이다.

둘째는 읽는 이에게 호기심을 불러일으키는 폭로성 자서전이다. 흔히 흥행이나 판매를 노리고 제작되는 이러한 폭로성 자서전은 독자의 호기심을 잠시 충족시키지만 자극적 내용에서 그 이상도 이하도 아니다.

셋째는 자기성찰과 반성을 담은 회고록이다. 아우구스티누스의 '고백록'이나 루소의 〈참회록〉 등이 이 범주에 속한다. 독자들은 이렇게 자신을 성찰하는 회고록을 읽으며 무한한 감동과 교훈을 얻을 수 있다. 특히 아우구스티누스의 〈고백록〉이 여전히 중요하게 받아들여지고 있는 것은 그가 젊은 시절 자신의 방탕을 솔직하게 고백하고 참회했기 때문만이 아니다. 책에서 밝힌 그의 '신앙 고백'은 특별한 신학적 토대 위에서 이루어졌으며, 이 과정에서 축조된 신학이야말로 역사에서 명멸해 간 수많은 주교 중의 한 사람에 지나지 않았던 그를 그리스도교 2000년사에 가장 큰 족적을 남긴 교부로 재탄생시킨 힘이 됐다.

마지막으로, 자신의 일생을 되돌아보며 하나하나 주제를 정해 수필 형식으로 써내려감으로써 독자들에게 무한한 공감과 카타르시스를 느끼게 해 주는 자전적 에세이(수필식 자서전)가 있다. 문학적 가치가 뛰어난 이 자전적 에세이는 수필(Essay)과 자서전(Autobiography)의 합성어인 에소그래피(Essography)라 해서 문학의 한 장르를 이룬다.

자전적 에세이는 보통 일상의 외면적인 삶에서 벗어나 내면적 가치를 찾아보기 위해 어린 시절의 회상에서부터 일생을 반추해 보는 내용을 담게 된다. 그리하여 인생의 아름다움을 전해주고 삶의 질곡에서 나오는 다양한 심리와 감성을 담아냄으로써, 독자의 공감을 불러일으키는 긍정적 효과가 있다. 그러다 보니 수필식 자서전은 사회적으로 성공한 사람뿐만 아니라, 평범한 대다수의 보통사람들도 자기 삶을 나누고 주변사람들과 소통하기 위한 도구로 곧잘 애용된다.

이렇듯 수필 형식의 자서전은 대상과의 소통 수단이 되기 때문에 선거 때면 정치인들이 심혈을 기울여 출간하고 있다. 대체로 정치인들의 자서전은 자신의 정치적 탄생에 대한 고해성사로부터 국정 운영의 비전을 밝히는 출마 선언문으로 완성된다. 심혈을 기울인 만큼 이들의 자서전에 드러나 있는 메시지 또한 분명하다.

그런가 하면 일선에서 물러난 뒤 지난날을 회고하며 써내려간 유명 인사의 자서전도 인기다. 2010년에 출간된 고(故) 김대중 전 대통령의 회고록 〈김대중 자서전〉은 큰 인기를 끌었는데, 출생에서 정치 입문까지를 다룬 1권과 대통령 취임 후부터 서거 직전까지를 기록한 2권으로 되어 있다.

김 전 대통령은 1920년대부터 연대기적으로 쓴 이 책에서 '내 어머니는 평생 작은댁으로 사셨다'며 어머니 고 장수금 여사는 본처가 아니었고, 자신은 서자라는 사실을 처음으로 공개했다. 고인은 '많은 공격과 시달림을 받았지만 평생 작은댁으로 사신 어머니의 명예를 지켜드리고 싶었다'며 그동안 출생의 비밀을 숨겨온 이유를 설명했다. 김 전 대통령은 '그러나 사실을 감춘다 해서 어머니의 명예를 지키는 것이 아니라는 생각을 했다.'고도 적었다. 1973년 일본에서 피랍됐을 당시 죽음 직전에 예수를 만났던 경험도 적었다.

아우구스티누스의 신앙고백서, 인류사에 빛나는 고전

〈은총의 세월들〉(2011, 가리온)이란 제목의 자서전을 펴낸 청파(靑波) 김수학 목사의 이야기에도 진한 감동과 무게가 실려 있다. 총신대 총장과 재단이사장을 역임했고, 현재는 미국 노스캐롤라이나 주의 핸더슨 대학교에서 교회사와 예배학을 강의하고 있다. 그의 거주지는 세계적인 영적 거장인 빌리 그레이엄 목사의 집과 10여분 거리에 있는 조그마한 아파트다.

팔순을 맞은 그가 최근에 쓴 자서전 제1장은 할머니를 추모하는 글로 시작된다. 김 목사의 할머니는 안동 김씨 가문에서 태어났지만, 일찍이 부모를 여의고 의지할 곳이 없어지자 걸식하는 신세가 되었다. 남동생과 정처 없이 떠돌다 어느 부잣집 사랑채

단칸방에서 고달픈 삶을 살다가 16세 때 조부를 만나 신앙의 가문이 된 사연을 실었다.

그런가 하면 가수 패티김 씨는 얼마 전 자신의 은퇴를 기념하며 색다른 자서전을 펴냈다. 패티김은 그의 후배이자 많은 공연을 함께한 동료 조영남 씨와의 일상의 대화 이야기를 그대로 실어놓은 〈그녀, 패티김〉이란 제목의 이 책에서 조영남은 패티김에게 많은 질문을 던진다. '가수로 데뷔할 때는 언제였느냐'는 공식적 질문에서부터 '누이는 왜 그렇게 띨띨하냐'는 다소 장난기 섞인 질문까지. 패티김은 트럭을 타고 다니며 노래하던 일화, 54년간의 가수생활과 가요계에서 벌어졌던 다양한 사건들, 결혼과 이혼, 사업에 실패했던 사생활까지 차근차근 풀어놓는다. 무대에서 신는 신으로는 땅을 밟지 않고 공연 의상에 주름이 잡힐까봐 몇 시간 동안 의자에 앉지도 않는 등 철저한 엄격함으로 자신을 관리해 온 패티김의 열정과 카리스마, 그리고 그런 삶에 진정한 존경과 찬사를 보내는 조영남의 진심은 책 곳곳에서 드러난다.

자서전을 써보려고 시도했거나 관심을 가져본 사람이라면, 자서전을 쓴다는 것이 얼마나 의미 있고 가치 있는 작업인지를 이해할 것이다. 특히 자신의 자서전을 집필하는 과정에서 얻을 수 있는 긍정적인 이점은 대단히 많다. 중년을 넘어선 사람들이 자서전을 쓰면 기억력이 감퇴되는 것을 어느 정도 극복할 수 있다. 다양한 방법들을 통해서 자신이 살아온 과거의 사건과 감동을 찾아가는 과정이 이 안에 포함되어 있어 자연스럽게 두뇌활동을 많이 하게 되기 때문이다. 특히 젊은 시절에 즐겼던 일들을 다시금

회상하는 과정을 통해 그 시절의 에너지와 기억을 되살려낼 수
있고, 그간의 역사를 되짚어봄으로써 새로운 목표 설정과 함께
남은 생애를 담담하게 맞이할 수 있기 때문이다.

내 인생의 재발견
—자서전 쓰기에 담긴 의미

한 시대의 문화사가 담겨있는 개인의 역사

"그거 유명한 사람들이나 쓰는 것 아니야? 내가 성공한 사람도 아니고, 대단한 얘깃거리도 없고."

"글쎄, 가끔은 내 이야기를 써보고 싶다는 생각을 하지. 그런데 누가 내 인생에 관심이 있겠어?"

"자식과 손자들에게 언젠가는 내가 살아온 얘길 들려주고 싶어요. 그런데 글재주도 없고, 아직은 그럴 시간도 없어서……."

그동안 내가 만나온 사람들에게 '자기 이야기를 글로 써보라'고 권했을 때, 돌아오는 답변들이다.

자서전이라고 하면 대다수의 사람들은 '유명한 사람, 성공한 사람이 자신의 빛나는 성과나 업적을 남기기 위해 지난날을 회고하면서 기록한 것'으로 이해하고 있는 것 같다. 자신에 대한 기록이니, 틀린 답은 아니다. 하지만 인터넷 블로그나 카페 등을 통한 글쓰기가 일반화 되고 평범한 사람들이 자기 책을 내는 일이 많아지면서, 이제 자서전은 결코 유명 인사들만의 전유물이 아니게 됐다. 또 사업에선 실패했을 지라도, 우리는 자기 인생에서 모두 성공한 사람들이다. 그러니 위와 같은 생각은 버리는 것이 좋겠다. 비록 당신이 지난 삶의 여정에서 넘어지고 자빠지고 웅덩이에 빠지는 일을 여러 번 경험했을 지라도, 그래서 자신의 어리석음과 과오에 대해 절절히 반성하는 삶을 살았을 지라도, 오히려 그런 질곡을 거쳐 오늘에 이르렀기에, 더욱 쓸 거리를 풍성하게 확보하고 있는 것이다.

여기엔 굳이 자서전이라 이름 붙이지 않아도 된다. 파편처럼 흩어진 자기 삶의 경험과 흔적을 돌아보고, 의미를 꿰어보면 그 누구의 인생이라도 소설보다 흥미진진하고 어떤 역사보다도 가치가 큰 기록이 될 수 있다. 개개인의 역사 속엔 우리 모두의 삶과 현대사가 고스란히 녹아 있기 때문이다.

책이며 인터넷에 온통 다른 사람의 이야기가 차고 넘치는 이 시대에 자신의 삶을 소외시킨 채, 남의 인생에 열광하며 그들에게만 박수를 보내주는 건 바람직하지 않다. 대다수의 사람들이 모르고 있는 비밀(?) 하나를 누설하면, 그것은 바로 '나의 이야기가 더 값지고 힘이 세다'는 것이다. 사람들이 그토록 듣고 싶어하는 흥미진진한 이야기가 사실은 나의 삶에 다 들어 있다는 걸 많은 이들이 놓치고 살아간다. 모든 사람에게는 자신만의 이야기가 있다. 따라서 자신만을 위해, 조금 더 범위를 넓히면 가까운 사람들을 위해 쓰는 자서전이야말로 그 어떤 베스트셀러보다 더 가치가 더 크다고 할 수 있다.

자기 객관화를 통한 감사 회복과 성장의 통로

자서전을 쓰는 과정에서 얻게 되는 이점은 무척 많다. 자신의 지난 생애를 굽이굽이 돌아봄으로써 나 개인의 역사를 정리하고, 무엇보다 자기 삶의 의미를 새삼 발견하게 된다는 것이다. 또한 이 과정에서 지난날의 상처를 스스로 치유하고, 자기 안에 숨겨져 있었던 새로운 가능성과 만나기도 한다. 그리고 진솔하게 써 내려간 나의 이야기가 어떤 이들에게는 진한 감동과 함께 지혜로운 삶의 모델이 되어줄 수 있고, 지금 어려운 상황에 처해 있는 누군가에게는 그것을 이겨낼 수 있는 힘과 용기를 줄 수도 있다. 그뿐 아니다. 이제 반세기를 넘게 살아온 나(당신)의 지난 생애 기록은 지금의 젊은이들과 앞으로 태어날 후대들에게 그 시절의 정치 경제 사회 문화를 엿볼 수 있는 현대사 공부가 될 것이다.

더구나 현대인들은 삶에 대한 진지한 성찰의 기회를 갖지 못한 채, 오로지 과열 경쟁에만 내몰려진 채 살아가고 있다. 그 경쟁의 구도에서 밀리지 않기 위해 하루하루를 전투하듯 살아가는 동안, 사람들로부터 상처를 입고 심신은 지칠 대로 지쳐있기 십상이다. 진지하게 자기 삶을 들여다볼 기회가 없다보니, 자신의 강점이 무엇이며 어떤 삶을 살고 싶은지 본인이 알지 못한다. 그러니 자기 자신을 깊이 사랑할 줄도 모른다. 그의 눈은 자신보다 우월해 보이는 사람에게만 꽂혀 있어, 정작 자신의 강점은 보이지 않는다. 자존감도 낮을 수밖에 없다.

그런데 나의 인생을 글로 쓰다보면, 그간 경험하지 못했던 새로운 것을 발견하게 된다. 자신의 강점과 잠재해 있던 가능성을 찾게 되고, 그러면서 자기 자신을 사랑하게 된다. 열등감에 시달리던 과거로부터 빠져나와, 자신의 정체성과 비전을 찾아가게 된다. 자신의 삶을 역사로 인식하게 되고, 자신의 비전 수행을 위한 구체적인 삶의 계획과 목표를 세우게 된다. 아울러 '글쓰기'라는 평생의 좋은 습관을 몸에 익힘으로써, 비로소 다른 사람들의 삶에 진정한 관심을 기울이고 나와 다른 삶을 있는 그대로 존중할 수 있게 된다.

이밖에도 자신의 삶을 담은 자서전 쓰기의 의미는 많다. 글은 누군가에게 보여주고 그 독자와 소통하고자 하는 매체인 동시에 자신과의 소통이다. 내가 나를 살피고 내게 물으며, 그 물음에 대해 오롯이 내가 답하는 시간이 바로 자서전을 쓰는 과정이다. 그러므로 내 글의 첫 번째 독자는 나의 배우자나 자녀가 아니라, 나 자신인 것이다. 생각의 거울에 나를 비춰보고 추억이라는 사진을 꺼내 지나온 인생을 정리해보는 것은 퍽 의미 있는 일이다. 잊고 지냈던 일들을 되살려낼 수 있고, 꿈꾸며 노력했지만 성취하지 못한 것에 대해 스스로 도전할 수도 있다. 또한 지나온 날들과 함께 했던 사람들에 대한 감사도 회복할 수 있다.

어떤 종류의 글이든 그 글 속에는 직접·간접적으로 자신의 사유과정이 담겨 있고, 나라는 사람을 드러내 보일 수밖에 없다. 그 안에서 비틀거렸던 과거의 내 발자국과 이지러진 내 모습을 볼 수도 있고, 은밀하게 자리해 있는 내 안의 상처와 음습한 어둠들과 맞닥뜨릴 수도 있다. 하지만 기어코 그것들을 툭툭 털어내고 바짝 말려서 영혼이 새털처럼 가벼워질 수 있게 도와주는 것이 또한 자서전 글쓰기다. 필력이 있고 없고를 떠나 한 번쯤 자신의 인생을 정리하고 회고함으로써 남은 미래를 조망해 볼 수 있다는 점에서 가장 큰 유익이 있다. 굳이 매끈한 글이 아니어도 상관없다. 불후의 명작을 탐할 필요는 더욱 없으니, 애시에 '잘 써야 한다는' 부담은 갖지 않아도 될 듯하다.

우리 인생 가운데 내가 나에게 객관적인 시간들을 갖기란 쉽지 않다. 자서전 쓰기는 내가 나에 대해 객관적일 수 있는 기회를 제공해 준다. 비록 나의 인생이 위대한 업적을 남긴 지도자도 아니고, 장애를 극복한 인간 승리의 역사를 기록할 수 있는 것도 아니다. 하지만 스스로에게 솔직해질 수 있고, 나의 인생을 이끌어온 생각과 가치들을 정리해볼 수는 있다. 이러한 시간을 통해 내 인생이나 생각 속에서 애매모호했던 것들이 선명해질 수 있다. 자서전 쓰기는 내가 나를 살피는 시간을 제공해줄 뿐만 아니라, 내가 나에게 배울 수 있는 소중한 기회를 부여해준다.

03

노년 설계와 자서전,
그 첫 페이지를 시작하는 법

자서전을 쓰는 법은 다양하나, 가장 보편적인 방법은 두 가지다. 태어날 때부터 지금까지의 삶을 연대기 순으로 정리하되, 연령대별, 또는 주제별로 나눠 써내려 가는 방법이다. 연령대별로는 10대, 20대, 30대, 40대, 50대, 60대로 나누어 정리하는 방식이다. 주제별 접근은 자신의 삶을 유년의 기억, 학창시절, 일과 사랑, 결혼, 부모, 빈 둥지와 제2의 신혼 등 각각의 주제로 나눈 뒤 구체적인 질문을 던지고 답을 써내려 가면 된다. 주제별로 글을 쓸 경우엔 시간 순서와 상관없이 가장 중요하게 다루고 싶은 부분을 앞으로 끌어낼 수 있다.

"젊어지는 데는 꽤 긴 시간이 걸린다.(자신은 노년에도 계속 젊어지고 있다는 뜻)"(파블로 피카소)

"나의 전성기는 60세부터 90세까지 30년간이었다."(피터 드러커)

"50세를 넘긴 사람들은 그 이전 나이 때보다 기분이 더 좋아지고 스트레스도 덜 받고, 덜 공격적이 된다."(제인 폰다)

한 시대를 풍미했던 이 세 사람이 그들의 저서와 강연을 통해 피력한 노년기란 '지금까지의 의무나 강제에서 벗어나 자기 인생을 스스로 만들어가고 만족스럽게 살 수 있는 멋진 기회'였다. 그렇지만 40~50년 전까지만 해도 우리 사회에서 노인의 삶이란 대체로 자유로울 수 없었다. 사회 속에 정해진 규칙과 규범의 틀 속에 살아야 했기 때문이다. 이러한 규범의 틀은 노인들의 삶의 가능성과 도전의식을 제한했다.

특히 70년 이상을 우리나라에서 살아온 어른 세대만큼 격변의 세월을 보낸 사람들도 드물다. 한 사람 한 사람의 파란만장한 일대기는 우리나라 근·현대사의 훌륭한 스토리가 된다. 그들은 세계에서 유일하게 서양제국이 아니라 일제의 식민지생활을 경험했다. 해방 후에는 동족상잔의 전쟁을 치렀으며, 보릿고개를 힘겹게 넘어야 했고, 그런 와중에서도 전쟁으로 폐허가 된 땅을 번영의 땅으로 바꾸어 놓았다. 일제의 잔인한 민족말살정책에도 끈질기게 목숨을 이어온 그들은 2차 대전 후 해방된 140여개 국가 중에 근대화를 성공시킨 유일한 주인공이기도 하다. 이들 개개인의 역사는 드라마틱한 우리 근·현대사의 역사가 되고도 남는다.

한국의 베이비부머 세대 역시 시대사적 이유 때문에 '행복하고 건강한 노인상'을 눈으로 직접 확인하기는 어려웠다. 노인에 대한 일반의 인식 또한 많은 부분 왜곡돼 있었다. 이런 점을 깨닫는 것이 행복한 노년을 맞이하는데 있어 중요한 과제가 될 것이다.

그런데 수명이 길어져 '100세 시대'를 살아가는 지금에 와선, 70세가 돼도 노인 축에 들어가지 않을 만큼 우리 사회는 많이 젊어졌다. 이젠 70세를 지나고 나서도 30년 안팎의 여생이 기다리고 있기에, 보람차고 의미 있게 보낼 노후설계를 하지 않으면 안 된다. 누구나 늙는 건 저절로 된다. 하지만 길어진 노년기를 행복하게 보내기 위해선 많은 노력이 필요하다.

유년기 및 젊은 시절 돌아보기 외에 노년기의 발달과제를 해결하는 일도 자서전 쓰기에서 매우 중요하다. 은퇴, 노화, 자녀의 독립, 배우자의 사별이 그렇다. 노년기에 접어든 사람들은 슬픈 감정도 애써 참는다. 하지만 많은 경우 병적 슬픔이 우울증으로 옮겨간다. 알 수 없는 기능장애를 호소하는 노인들도 많다. 이럴 때 노인들은 스스로 하루 일과를 적극적으로 계획하고 외부 세계를 위해 할 일을 찾고, 의도적으로 도움을 구하는 것이 필요하다. 노화로 인한 수치심과 절망감 조절하는 법, 건강을 잃지 않고 행복하게 살기 위한 지智 덕德 체體의 훈련도 필요하다. 그러면서 꾸준히 나의 지난 생애를 반추하는 글쓰기는 자가 치유의 힘을 길러주게 될 것이다.

글쓰기가 처음인 경우, 한꺼번에 많은 분량의 글을 쓰려는 부담을 내려놓는 게 좋다. 우선 하루에 원고지 3장 정도를 쓴다는 마음으로 시작하자. 일반 글쓰기에 비해 '호흡이 제법 긴' 자서전 쓰기를 완성하려면, 무엇보다 자신감과 끈기가 필요하다. 그리고 글쓰기 마라톤을 완주할 수 있도록 자기 심신의 컨디션을 최상으로 유지하려는 노력도 기울여야 하겠다. 혜안과 명철을 지닌 어르신들의 글쓰기 활동은 개인의 작업을 뛰어넘어 우리의 향토문화 전승 및 지역사회 발전에 적잖이 기여하게 될 것이다. 자신의 펜 끝으로 자신이 건강하게 존재하고 있음을 세상에 알리며, 그렇게 몸에 익힌 글쓰기가 자신의 인생에 새로운 길을 내어주고 아름다운 노래를 실어 날라줄 것을 확신한다.

반기문 총장의
꿈과 도전

　　아이들이 독서생활을 시작하면서 가장 흥미롭게 읽는 글은 동화와 위인들의 이야기이다. 나의 초등학교 시절을 돌아보아도 교과서나 위인전집에 실린 위인들의 이야기를 가장 재미있게 읽은 기억이 난다.

　위인들의 생애, 업적, 일화 등을 사실에 근거하여 기록한 글의 장르를 흔히 '전기문'이라 하는데, 아이들은 위인들의 이러한 전기문을 통하여 감동과 교훈을 얻고 자신의 미래를 꿈꾸게 된다. 초등학생들에게 커서 무엇이 되고 싶은지 물어보면, 위인들에 빗대어 자신의 꿈을 이야기하는 경우가 많다. 누구 같은 과학자, 누구 같은 외교관, 누구 같은 운동선수가 되고 싶다고 말한다. 먼저 살다 가신 훌륭한 사람들의 이야기는 자라나는 청소년들에게 나아갈 방향을 가르쳐주는 이정표가 된다. 그래서 위인들의 삶을 다양하게 접한 어린이일수록 그의 꿈은 더 구체적이고 다양해진다.

요즘 서점가에는 동시대를 살고 있는 사람들, 혹은 가까운 시대를 살았던 인물에 대한 책들이 다양하게 선보이고 있다. 이렇게 많은 위인들 가운데 현존하는 인물로 반기문 유엔사무총장이 있다. 그는 이 시대의 어떠한 인물보다 막강한 영향력을 지닌 인물이며, 오늘을 살아가는 젊은이들에게 꿈과 도전의 아이콘이다.

그는 꾸준한 노력과 철저한 자기 관리로 자신의 꿈을 이루고, 이 땅에 살아가는 우리 모두에게 꿈과 희망과 자긍심을 선물한 살아있는 전설이다. 지구온난화와 글로벌 이슈에 관여하며 세계 평화를 위해 동분서주하고, 그 노력을 인정받아 연임에 성공한 반기문 유엔 사무총장. 그가 젊은이들 사이에서 꿈의 아이콘이 된 데에는 본인의 근실한 삶의 내용 외에도 중요하게 작용한 요소가 있다. 그의 일거수일투족이 미디어를 통해 계속 노출되어온 영향도 있겠으나, 그보다는 그의 삶과 혼이 담긴 책을 통해 반 총장이 청소년들의 멘토로 자리매김을 한 까닭이다.

서점가에서 반 총장의 위력은 이미 증명된 바 있다. 2007년 출간된 그의 베스트셀러 〈바보처럼 공부하고 천재처럼 꿈꿔라〉는 출간이후 젊은이들의 필독서가 되었다. 청소년들에게 전하는 멘토링 관련서 〈세계를 가슴에 품어라〉(2012년)도 출간 한 달 만에 청소년 베스트셀러 1위에 올랐다. 두 권 다 옆에서 몇 년을 동행하면서 취재한 기자와 후배가 반기문 총장의 동의를 얻어 쓴 책이다. 〈바보처럼 공부하고 천재처럼 꿈꿔라〉의 저자 신웅진은 뉴스전문채널 YTN 기자로 입사, 외교통상부를 출입하면서 당시 장관이었던 반기문이라는 인물을 가깝게 지켜보았다. 실력과 인

품을 다 갖춘, 기본에 충실한 반 총장의 삶의 태도에 감명 받은
저자는 그가 유엔 사무총장에 당선된 이후 청소년들에게 반기문
이라는 인물의 성장과정에 관해 이야기해 주고 싶어 반 총장과
측근들을 만나 취재해 책으로 엮어냈다.

이 책은 한국전쟁 직후 가난했던 시절, 그 어려운 환경 속에서
소년 반기문이 어떻게 자신이 목표한 바를 이루어 나갔는지를 그
려냄으로써, 끊임없는 노력은 정직한 결과를 가져온다는 걸 보여
준다.

또한 실력 이 있는 사람은 많지만 인품까지 갖춘 사람이 드문
오늘날, 세계가 인정하는 자리에 오르고도 남에 대한 배려와 존
중과 겸손과 청렴함을 잃지 않는 그의 모습을 통해 사회적인 성
공뿐 아니라, 인품까지 갖춘 반 총장의 이야기를 들려준다. 본의
아니게 자신의 동기나 선배들보다 초고속 승진하는 게 미안해서
일일이 선배며 동료들에게 친필 편지를 보내 '잘 나가는 후배이
며 동료지만 미워할 수 없는 사람'으로 인식됐다는 이야기, 그를
다소 못마땅하게 여기는 사람이라도 그와 30분만 이야기하면 자
신도 모르게 그의 인간적인 매력에 반한다는 외교부 직원들의 말
처럼, 실력과 인품을 두루 갖춘 반기문 총장의 이야기는 이 시대
의 진정한 멘토의 모습이 어떤 것인지를 보여준다.

이렇듯 반기문 총장과 관련된 저서와 독자 반응을 통해서 우
리가 발견하는 점이 있다. 그것은 요즘 청소년들이 역사 속 인물
에서 교훈을 얻기보다 동시대를 사는 실존인물에게서 교훈을 얻
고 싶어 한다는 것이다. 실존인물인 반 총장의 책은 청소년들로

하여금 '꿈을 꾸게 하고, 그 꿈을 실현하는 방법'을 제시하는 텍스트북 역할을 톡톡히 했다. 실제로 반 총장이 유엔 사무총장이 된 이후 외교관이 되겠다거나 유엔에서 일하고 싶다는 청소년들이 부쩍 많아졌다는 사실이 이를 증명한다. 그가 역사 속 위인이 아닌, 함께 호흡하고 함께 소통하는 동시대인이어서 더욱 신뢰가 두터우리라.

또한 꿈에 관한 발견이다. '꿈을 가슴에 품고 그것을 이루기 위해 언제나 최선을 다하라'는 그의 인생이 들려주는 격려는 우리 각 사람의 꿈과 목표를 다시 한 번 살피게 한다. 그리고 그것을 이루기 위해 노력해야겠다는 의지의 불씨를 가슴 한 구석에 피어오르게 한다. 시골 학교 시절부터 외교관의 꿈을 가슴속에 품어오던 한 학생이 50년이 지난 후 유엔 사무총장이 된 자신의 이야기를 피력한 때문이다.

스콧 니어링의
자서전이 주는 교훈

● 　　　　자신이 원하는 삶을 살다가 자신이 원하는 모습대로 생을 마친 실존인물이 있다. 바로 스콧 니어링이다. 끝없이 경쟁하는 삶을 강요당하는 현대인들에게 자신만의 길을 찾아볼 수 있는 작은 여유를 주는 책, 이것이 〈스콧 니어링 자서전〉과 아내 헬렌과 함께 쓴 〈조화로운 삶〉이다.

남의 시선이나 보편적인 관습에 휘둘리지 않고 자신의 생각대로 자유로운 삶을 살았던, 수많은 지성인들의 롤 모델이 되었던 스콧 니어링(1883~1983). 그가 여든이 넘어서 쓴 두 권의 책이 국내 독자에게 처음 선보인 것은 사회 여기저기서 귀농·귀촌 이야기가 번져 나올 무렵인 2000년경이었다. 1954년에 펴낸 〈조화로운 삶(Living the Good Life)〉은 전원생활의 기술과 경제, 사회·심리적인 면을 다룬 '전원일기'로 평가받으면서 세계적인 베스트셀러가 되었다.

20세기 초·중반 미국의 대표적 좌파 지식인 스콧 니어링이 부인 헬렌과 함께 뉴욕을 떠나 버몬트, 메인으로 옮겨가 자급자족한 생활을 했다. 이들 부부의 이야기는 사실상 알려질 만큼 알려져 있다. 그럼에도 불구하고 '귀촌'과 '조화로운 삶'에 대하여 다시 한 번 나누고 싶은 이유는 책이 처음 나오고 반세기도 더 지난 지금까지도 그들이 들려주는 이야기는 여전히 깊은 울림과 교훈을 주기 때문이다.

니어링 부부는 책 서문 제목으로 '시골로 가니 희망이 있었다.'라고 썼다. 그런 뒤 '불황과 실업의 늪에 빠져서 파시즘의 먹이가 되어 버린 사회를 떠나, 올바른 사회 체제를 만드는데 도움을 줄 수 있는 시간과 힘을 얻을 곳은 어디인가를 고민한 끝에 버몬트로 이사했다'면서 그것을 '시대의 특별한 요구를 받아들이는 과정'이라고 말했다.

스콧 니어링은 탄광을 운영하는 할아버지 덕분에 부유한 어린 시절을 보냈다. 하지만 자기 집안의 풍요로움의 바탕이 '광산노동자의 비참한 삶'을 발판 삼아 이루어진 것을 알고 부의 쏠림 현상에 대해 비판적인 시각을 갖게 된다. 사회적 약자에 대한 관심과 배려가 남달랐던 그는 펜실베이니아 대학의 경제학 교수로 재직하면서 특별한 강의를 하였다. 얼마 후 그는 어린이들의 노동 착취를 비판함으로써 해직된다. 이후 톨레도 대학에서 정치학을 강의했다. 제국주의 국가들과 세계대전을 비판한 논문을 써서 법정에 서기도 한다. 이로 인해 미국 정부의 지원을 받는 단체에서는 일체 강연을 할 수 없었다. 그 후 은퇴를 고려할 정도로 건강도 악화되었다.

당시 이혼 상태였던 그는 마흔 다섯의 나이에 21세 연하인 헬렌 노드를 만나 같이 생활한다. 4년 후 그들은 대도시 뉴욕을 떠나 산업사회 이전의 농촌사회 모습을 지니고 있던 오지 버몬트라는 농가로 이주한다. 도시를 떠나면서 그들은 3가지 목표를 마음에 품었다. 그 목표의 첫 번째는 독립된 경제를 꾸리는 것이고, 둘째는 삶의 토대를 지킬 수 있는 건강 지키기, 세 번째는 사회를 생각하며 바르게 사는 것이었다.

니어링 부부는 그곳 버몬트 주의 숲에서 땅을 일구고, 돌집을 짓는다. 아무에게도 빚지지 않고, 소박하지만 부족하지도 넘치지도 않는 삶을 즐겼다. 또한 도시와는 다르게 전화도 라디오도 없는 조용하고 단순한 삶을 고집했으며, 일 년의 여섯 달은 먹고 살기 위해 일하는 시간으로 나머지 여섯 달은 연구, 여행, 글쓰기, 대화, 가르치기 등으로 보냈다. 스콧은 연장을 닦고 땔감을 정리하는 일조차 정성을 들여 예술적으로 했다. 헬렌은 나무계단에 멋진 글자를 새기고 플루트를 연주하며 자연 속의 삶에서 영감을 얻었다. 덕분에 그들은 스무 해 동안 의사를 한 번도 찾지 않을 만큼 건강했다. 그들을 찾아오는 사람들에게는 항상 열린 마음으로 대했다.

자신들에게 얼마나 엄격했던지, 이웃들은 그들을 가리켜 '스스로에게 벌을 주는 사람'이라고 평할 정도였다. 니어링 부부의 꿈은 그곳에 건강한 공동체를 세우는 일이었다. 그러나 버몬트에 관광객과 방문객이 많이 몰려들자, 1952년 그들은 메인 주의 다른 시골로 이사를 하게 된다.

스콧 니어링은 100세 생일을 며칠 앞두고 더 이상 자기 몫의 짐을 나를 수 없고 자신을 돌볼 수가 없다고 생각하여, 일체의 곡기를 끊고 부인 헬렌 니어링이 지켜보는 가운데 평화롭게 죽음을 맞이한다. 50여 년을 같이한 그의 부인 헬렌 니어링 역시 남편의 의견을 존중했다. 스콧 니어링이 마지막으로 남긴 말은 '좋아.'였다. 반세기가 넘도록 전원생활을 하면서 자연을 훼손하지 않고 손수 집을 짓고 텃밭을 가꾸면서 살았던 메인 주의 집은 아직도 많은 사람들이 방문하는 명소가 되어 있다.

경쟁과 스트레스 환경에 노출되어 살아가는 오늘의 독자들에게 그들의 '조화로운 삶'이 주는 교훈은 경쟁과 불안과 긴장에서 벗어난, 단순하고 절제된 생활이다.

스콧 니어링은 '삶은 단순하고 간단해야 된다(Simple life)'고 역설했다. 하지만 이 모두를 아울러서 니어링이 우리에게 주는 가장 핵심적인 가르침은 남이 요구하는 내가 아닌, 내가 원하는 나의 모습대로 살아가야 한다는 것이다. 모든 인간은 개인적 차원에서, 사회적 차원에서, 그리고 전체의 일부로써 느끼고, 사고하고, 행동한다. 따라서 한 개인의 생애기록은 한 개인의 기록을 넘어서서 그가 살아온 시대의 기록인 셈이다. 그 시대를 가장 격정적으로 살아낸 '개인의 소설'이 더해진다는 점에서 자서전은 소설보다 더 막강한 이야기가 될 수 있다. 스콧 니어링의 자서전 역시 그에 관한 이야기인 동시에 그를 둘러싼 '한 시대의 이야기'다. 무엇보다 그의 저서는 우리가 어떻게 살아야 잘사는 것인지에 대한 사유와 고민을 한 번쯤 진지하게 하도록 이끄는 힘이 있다.

06

한국학의 거장
김열규 교수의 〈아흔 즈음에〉

"노인 한 분이 숨을 거두는 것은 도서관 하나가 불타는 것과 같다."

20세기 아프리카의 지성으로 알려진 아마두 함파테 바는 1962년 유네스코 연설에서 사회에서 노인이 차지하는 중요성을 이렇게 역설했다. 굽이굽이 지나온 세월 속에서 한 개인이 체득한 경험 그리고 그가 이룬 도전과 응전의 업적들은 돈으로도 살 수 없는 만큼, 노인들의 지혜와 경륜을 '살아있는 도서관'에 비유한 것이다.

얼마 전 82세로 타계하신 한국학의 거장 김열규(1932~2013) 교수의 부음을 접했을 때, 내 머릿속에 들어온 생각도 그러했다. '우리는 아까운 도서관 하나를 또 잃었구나.'

대학 시절, 나는 한국문학 관련 교재를 통해 선생의 이름을 처음 접했다. 선생이 저술한 〈한국문학사〉와 〈고전문학을 찾아서〉 등의 한국문학 관련 책들은 당시 문학도들의 필독서였다. 졸업 후 사회인이 된 후에도 나는 선생의 저서에 신뢰가 두터운 애독자로 남았다. 〈한국신화와 무속연구〉, 〈상징으로 말하는 한국인, 한국문화〉 등 다양한 한국학 연구서 외에, 〈메멘토 모리, 죽음을 기억하라〉, 〈독서〉, 〈공부〉, 〈노년의 즐거움〉 등과 같은 대중 저술도 상당수 발표했다. 생전에 다수의 저술을 남기신 선생은 많은 후학들의 혼을 깨워준 강의장 밖의 스승인 셈이었다.

선생은 식민지 시대에 태어나 해방과 전쟁, 분단과 근대화를 겪었다. 한국 현대사의 격변을 자신의 삶으로 고스란히 꿰뚫어 볼 줄 아는 어른이었다. 한국인의 뿌리와 한국 문화의 원형을 밝히는 데 깊이 천착해 국문학과 민속학을 아우르는 '한국학'이라는 새 지평을 연 석학이다.

선생은 경남 고성에서 태어나 서울대 국어국문학과를 졸업한 후 같은 대학원에서 국문학 및 민속학을 전공했다. 1963년 29세에 강단에 나서 50년 동안 학생들을 가르치고 연구와 집필에 몰두하여, 70여 권이 넘는 저서를 남긴 문장가이자 저술가로도 유명하다.

선생은 1992년, 80세가 넘어 고향 고성으로 내려간다. 고향의 산과 들을 거닐거나, 원고를 교정하듯 마당의 잡초를 뽑는 일, 음악을 듣고 커피를 마시는 일, 무엇보다 필생의 업(業)으로 여겨온 읽고 쓰는 일이 기다리고 있었기 때문이다. 선생은 그곳 고향 자택에서 평소에 늘 곁에 두었던 커피 잔과 LP판, 조각품 등과 벗하며 왕성한 집필활동을 해오다 2013년 10월 82세의 일기로 타계하셨다. 혈액암으로 항암주사를 맞으며 고된 투병생활을 하는 중에도 돌아가시기 전날까지 펜을 잡은 것으로 전해진다.

"내일, 모레, 글피쯤이면 아흔이 될 이 나이에 마음만은 어김없이 나무로 살고 싶다. 그리하여 소슬하되 다소곳하고, 우람하되 고즈넉하게 노년의 삶을 다듬고 싶다."

생의 마지막 순간까지 써내려간 선생은 노년의 심정을 이렇게 글로 옮겼다. 그리고 이 원고는 〈아흔 즈음에〉라는 제목의 유고에세이로 출간되었다.

'글을 짓고 쓰는 것이 가장 요긴한, 가장 절실한 일'이라 생각한다던 선생은 시간과 고독, 죽음과 고통, 배움과 노동, 사랑과 자연, 자아와 이웃 등에 관한 생각을 편안하면서도 감칠맛 나는 문장에 얹어 건넨다. 누구나 삶의 한순간 맞닥뜨리게 되는 이런 본연의 질문들이 노년의 인문학자를 통해 자연스럽게 걸러지고 담담한 깨달음을 준다.

특히 〈아흔 즈음에〉는 선생의 유작이 되면서 그 울림과 여운을 더해주었다. 본문에 실린 다음 글에서 선생의 애틋한 마지막 바람을 더 진하게 엿볼 수 있다.

"인생 아흔, 마치고 끝내고 하는 나이를 말할 처지가 되다니 마음을 다잡게 된다. 그런 기운을 살려 이 한 권의 책이야말로 나이 든 사람들 누구나의 인생살이에 유종의 미를 꽃피우게 하는 데 도움이 되기를 바라고 또 바란다. 이뿐만 아니라 한창 젊은이들에게는 유종의 미가 마련되도록 그들 삶이 가꾸어지는 데 도움이 되고 싶다."

07

고통의 진흙 속에서 핀 연꽃
─빅터 프랭클의 '의미요법'

대부분의 사람들은 살아가는 동안 한 두 번 정도 인생의 위기를 맞이한다. 한 치 앞도 보이지 않으며 모든 게 무너져 내려앉은 것만 같은 절망의 순간이 찾아올 때도 있다. 이런 '어둠의 터널'을 지나고 있는 이들에게 권장하고 싶은 책이 있다. 세계적인 정신분석학자 빅터 프랭클(Viktor Emile Fankl, 1905~1984)이 쓴 〈죽음의 수용소에서〉 라는 책이다.

이 책이 독자에게 감동과 울림을 주는 것은 자신이 체험한 '유대인 홀로코스트'를 고발한 용기에 있는 것이 아니다. 자신과 동족이 경험한 혹독한 수난을 단순히 극복한 데서 그치지 않고, 끝내 그것을 깊이 관찰하고 연구하여 그만의 새로운 이론을 세웠기 때문이다.

오스트리아 빈에서 출생하고, 빈 대학에서 의학박사와 철학박사 학위를 받은 프랭클은 제2차 세계대전 당시 유태인이라는 이유로 3년 동안 강제수용소가 있는 아우슈비츠에서 보냈다. 그는 부모형제, 아내와 헤어지고 삶의 모든 터전을 잃었다. 절망과 죽음과 공포로 가득한 포로수용소에서도 살아남았다. '삶의 이유가 분명한 사람은 그 어떤 극한 상황과 절망 속에서도 살아남을 수 있다.'는 인생의 진리를 경험적으로 깨달은 사람이 바로 빅터 프랭클이다. 그는 이 책에서 다음과 같이 증언하고 있다.

"마지막까지 살아남은 생존자들은 체격이 좋은 사람들이 아니었다. 그들은 이내 체력이 바닥나 약골들이 되었다. 최후의 생존자들은 살아남아야 할 이유, 생존의 목적을 뚜렷하게 가지고 있던 사람들이었다."

그의 대표 저서 〈죽음의 수용소에서(원제: Man's Search for Meaning)〉는 이 같은 논리를 생생히 반증한다. 삶과 죽음이 간수의 손가락 하나에 달려 있던 허무의 공간 아우슈비츠 강제수용소, 크리스마스를 앞두고 수감자들 사이에선 이런 얘기가 나돌았다. '이번 크리스마스까지는 나치가 패망하고 수용소가 해방될 거래' 하지만 기대와는 달리 아무 일도 일어나지 않았다. 그 다음 날부터 수용자들은 급격히 무너져 내렸다. 절망에 따른 병사(病死)와 자살이 잇따랐다.

하지만 프랭클은 꿋꿋이 이겨냈다. 그에게는 두 가지 희망이 있었기 때문이다. 하나는 사랑하는 가족들을 반드시 만나는 것, 다른 하나는 자신의 의미요법에 대한 연구를 완성하는 것이었다. 프랭클은 수용소 경험을 통해 이런 결론을 내렸다. '미래에 대한 믿음을 상실한 사람은 살 수 없다. 그러나 살아야 할 이유를 가진 사람은 어떤 어려움도 견뎌낼 수 있다'

이 책은 나치의 강제수용소에서 겪은 생사의 엇갈림 속에서도 삶의 의미를 잃지 않고 인간 존엄성의 승리를 보여준 프랭클 박사의 자서전적인 체험 수기이다. 1부 ‘강제수용소에서의 체험’은 강제수용소에서의 체험을 바탕으로 쓴 것이고, 2부 ‘로고테라피의 기본 개념’은 그의 경험에서 도출할 수 있는 교훈을 요약해서 그가 창시한 기본 개념을 정리한 것이다. 3부 ‘비극 속에서의 낙관’은 사람들의 관심사를 살펴보고 인간 존재의 모든 비극적인 요소에도 불구하고 어떻게 하면 삶에 대해 ‘예’라고 말하는 것이 가능한지를 이야기한다. 또한 ‘왜 살아야 하는지 아는 사람은 그 어떤 상황도 견딜 수 있다’는 니체의 말을 인용하며, 살아남기 위해서는 어떤 시련 속에서도 삶의 의미와 목적을 찾아야 한다고 힘주어 말한다.

이러한 자신의 경험을 바탕으로 프랭클은 ‘의미 요법’이란 이론을 정립했다. ‘인간은 의미를 찾으면 어떤 상황에서도 살아남을 수 있지만, 의미를 상실하면 무력해진다’는 것이 이론의 뼈대다. 이것을 둘러싼 또 하나의 숨은 사연이 있다.

어느 날 밤, 의과대학 시절의 은사가 그를 찾아왔다. 얼마 전 아내를 병으로 잃은 은사는 매우 힘이 없고 우울해 보였다. 상실감을 견디기 힘들어 죽고 싶다고 말했다. 어떻게 위로해야 할지 고민하던 그는 ‘교수님의 심정을 충분히 이해합니다. 그런데 만일 교수님이 먼저 돌아가시고 사모님이 살아 계신다면, 지금의 고통을 누가 견뎌야 할까요?’라고 물었다. 한참의 침묵 후 노교수 눈에선 눈물이 흘러내렸다. 그리고 이렇게 말했다. ‘차라리 내

가 당하는 게 낫지. 그래, 그 사람은 나보다 더 못 견뎠을 거야.'
노교수는 들어올 때와 달리 힘 있게 악수까지 나누고 갔다.

의미요법, 즉 로고테라피(logo-theraphy)는 그리스어 로고스
(logos)와 테라페이아(therapeia)를 합친 말이다. 로고스에는 '의
미'라는 뜻이 있고, 테라페이아는 치료를 뜻한다. 그러므로 로고
테라피란 사람들이 삶에서 의미를 찾아내도록 도움을 주어 고통
을 치료하는 기법이다. '자신의 삶에서 의미를 찾아내려고 노력
하는 것이 인간에게 내재한 가장 중요한 동기가 되는 힘이다.' 이
런 취지에서 그는 비극 속에서의 낙관을 삶의 지혜로 여긴다. 비
극적인 요소가 존재함에도 불구하고 낙관이 있다는 말은, 어떤
비참한 상황에서도 삶은 의미가 있다는 말과 같다.

삶 자체는 인생에게 아무런 의미를 주지 않는다. 그러므로 자
신이 그 의미를 찾아 나서야 할 것이다.

가장 완벽한 사람
-'체 게바라 평전'을 읽고

　고독한 혁명의 땅 라틴아메리카. 이 땅은 많은 언어의 연금술사를 탄생시켰다. 코엘료, 네루다, 가르시아 마르케스 등. 그런가 하면 우리에겐 다소 낯선, 수많은 혁명의 연금술사도 낳았다. 스페인 침략자에 맞서 인디오 문명을 지키려했던 투팍 아마루 같은 원주민 혁명가도, 독재정권에 맞서 사회주의를 실천하려다 젊은 나이에 산화한 체 게바라 같은 사회주의 혁명가도 배출했다. 특히 게바라는 라틴아메리카의 '전설적인 혁명 영웅'으로 전 세계인의 사랑을 받고 있다.

　체 게바라(Che Guevara, 1928~1967)는 여행을 통해 혁명가가 되었다. 아르헨티나 출신 의사였던 '체'는 제국주의에 의해 수탈당하고 고통 받는 기층 민중들을 위해, 그의 푸른 생애를 혁명과 투쟁에 바친 사람으로 알려져 있다. 쿠바 혁명의 주역으로 국립은행 총재와 산업부장관까지 올라 그 나라에서 일신의 안위가 보장되었지만, 권력과 편안한 삶에 안주하지 않고 그곳을 떠나 자신과 아무 상관없는 볼리비아 민중들을 위해 숲속에서 게릴라 활동을 전개하다가 전사한다.

그가 떠난 지 50년이 되어가지만, 체 게바라는 전 세계인의 가슴 속에 영웅으로 자리해 있다. 체는 살아서도 영웅이었으나, 죽어서는 전설이 됐다. 사실 '체'처럼 다양한 상징성을 가진 인물도 드물다. 한편에선 혁명과 저항정신의 표상이자 '20세기 가장 위대한 인간'으로 추앙받고 있는가 하면, 다른 한편에선 최상의 상품성을 지닌 콘텐츠 소스로서 다양한 마케팅 수단으로 사용되어져 왔다.

그동안 수많은 책과 영화가 그를 파헤쳐 전파했다. 그의 성장과정, 게릴라 활동, 죽음에 이르기까지 그의 일거수일투족은 입에서 입으로 전해졌다. 그가 스친 곳이면 어디든 명소가 됐다. '체'로 하여금 중남미 민중의 현실에 눈뜨게 한 오토바이 여행길은 인기 관광코스가 됐다. 볼리비아 침투 경로인 '게바라루트'는 순례코스가 됐다. 심지어 그의 사진과 베레모는 상징적 상품이되어 커피업체 종이컵과 맥주병에까지 등장했고, 젊은이들의 시계와 티셔츠에도 새겨질 정도로 체 게바라는 그렇게 낱낱이 소비돼 왔다.

이렇듯 그를 전설적 인물이 되게 한 결정적 매개체는 그의 생애를 담아낸 책이다. 특히 그의 평전은 발간 즉시 베스트셀러가되어 지금까지도 많은 젊은이들의 필독서로 읽혀지고 있다.

체는 의대를 졸업한 촉망받는 청년의사로서 순탄한 인생을 살아갈 수 있었다. 그런 그가 자기 나라도 아닌 쿠바를 해방시키겠다며 언제 죽을지도 모르는 밀림으로 갔다. 그리고 해방된 쿠바에서 중앙은행총재와 장관을 지냈다. 하지만 또 다른 남미 민중을 해방하겠다며 그는 다시 총을 들고 볼리비아 밀림으로 떠났다. 작가인 장 폴 사르트르의 말처럼 '우리 시대 가장 완벽한 인간'이 아니고서는 좀체로 시도할 수 없는 일이다.

세계적인 전기 작가이며 이 책의 저자인 장 코르미에는 유독 체 게바라에 대한 많은 저술을 써왔다. 체 게바라에 관해서는 타의 추종을 불허할 만한 전문가로 인정을 받아왔다. 체에 관한 자료들을 집대성한 이 책은 프랑스에서 출간되자마자 베스트셀러가 됐다. 1981년부터 체 게바라에 관한 자료들을 수집하기 시작한 작가는 남미 여행 중에 체의 아버지를 만난 것을 계기로 그의 일생을 더듬는 작업에 본격 돌입한다. 체가 살아생전에 관계했던 수많은 사람들을 만나 인터뷰하는 등 수 년 동안 그에 관한 연구를 통해 체의 생애와 사상을 집대성했다. 체의 행적을 더듬고 그의 마음에 들어가 보기를 염원하는 마음으로 그를 취재하여 전하는 작가의 글이 없었다면, 그의 위대한 삶도 널리 알려질 수 없었을 것이다.

장 코르미에의 대표저서인 〈체 게바라 평전〉에는 체 게바라가 편안한 의사의 길을 포기할 수밖에 없는 이유가 나온다. 그는 어머니에게 보낸 편지에서 '의사의 길을 가는 것은 내 속에서 싸우는 두 명의 나, 사회개혁가와 여행자 모두를 배신하는 끔찍한 일'이라고 썼다. 체 게바라는 이미 혁명가와 여행자의 길을 가기로 결심했던 것이다.

라틴아메리카의 전설적인 혁명 영웅 체 게바라. 그는 1928년 6월 14일 아르헨티나의 중산층 가정에서 태어났다. 부에노스아이레스 의과대학에서 박사학위를 취득한 그는 1951년 친구와 함께 모터사이클을 타고 중남미 일대를 여행하던 중 가난과 고통을 겪는 이들을 보고 돕기로 결심한다. 처음엔 과테말라 혁명에 참가했다가 멕시코로 망명한 후 카스트로를 만나 이번엔 쿠바혁명에 참가하게 된다. 처음에는 부상병을 치료했지만 곧 전투에 참가하였고, 그는 이 전투에서 크게 활약한다. 카스트로와 함께 바티스타 정권을 무너뜨리고 혁명 정부를 세움으로써, 쿠바 국민들의 지지를 받게 된 체 게바라는 외국인임에도 불구하고 쿠바의 핵심 지도층이 된다. 그는 집권자 카스트로의 다음 가는 지위를 가졌음에도, 어느 날 콩고와 볼리비아 등의 혁명을 지원하기 위해 몇몇 동지들과 함께 또 다시 쿠바를 떠난다. '쿠바에서 할 일은 모두 끝났다'는 편지 한 장을 남기고.

그는 먼저 콩고로 가 루뭄바의 게릴라 세력을 돕는다. 1966년 다시 라틴아메리카로 돌아와 볼리비아에 잠입, 게릴라 군을 조직하여 싸우다가 1967년 정부군에 체포되어 죽음을 맞는다.

'인간적인 혁명가'로 유명한 그의 큰 장점은 외골수적 혁명가가 아니었다는 것이다. 관심 있는 것에는 깊게 빠져들면서도 문학, 철학, 정치학, 심리학 등 분야를 가리지 않고 폭넓게 공부했다. 무솔리니, 스탈린, 간디, 프로이트, 러셀 등 다양한 인물들의 책과 사상을 접하며 지식을 넓혔다. 그는 혁명가답게 마르크스, 레닌, 스탈린, 마오쩌둥 그리고 쿠바혁명에 관련된 책들을 즐겨 읽었다. 2천 권이 넘는 장서를 보관한 그의 책꽂이에는 프랑스 시와 네루다의 시 선집 등의 문학작품과 수학, 물리학 책도 함께 꽂혀 있었다고 한다.

의외인 것은 이렇게 다양한 분야에 관심을 뒀지만, 정작 그는 대학 시절 어떤 조직에도 가입하지 않았다는 점이다. 혁명 경력 이 짧았던 체 게바라가 이렇듯 혁명가로 급성장할 수 있었던 것 은 어쩌면 다양한 독서와 오랜 시간 동안 자신의 생각에 대해 사 유하고 고민한 결과인지도 모른다. 그를 아는 사람들은 체 게바 라가 단순히 마르크스주의에 갇힌 교조주의자가 아니라고 증언 했다. 게릴라 생활 중에도 그의 배낭 속에는 항상 책이 있었다. 그는 다양한 분야의 책을 읽으며 이 세상과 인간에 대한 균형 잡 힌 시각을 키웠고, 남들보다 더 높은 수준의 도덕성과 유연한 사 고를 갖출 수 있었다.

그는 책에서 인간을 배웠고, 그 인간애를 실천했다. 이른 아침 부터 새벽까지 행군해도 항상 부하들을 먼저 챙기고, 부하들보 다 더 좋은 대우를 받는 것을 철저히 거부했으며, 천식이라는 핸 디캡에도 의사라는 신분을 먼저 생각해 부상당한 동료들을 치료 하느라 밤을 지새웠다. 독서광에서 사색가로 성장한 그는 혁명을 통해 자신의 알을 깨고 세상 밖으로 나갔다. 그리고 이제껏 없던 자신만의 길을 만들었다.

체는 생전에 두 명의 여인을 아내로 맞아들였다. 첫 부인은 과 테말라에서 만난 여성혁명가 '일다 가데아 아코스타'이며, 두 번 째 부인은 쿠바 혁명에 가담했을 때 만나 결혼한 '알레이다 마치'

이다. 교사 출신인 마치는 바티스타 독재정권에 맞서 지하조직에 가담했다가 24세 때 체를 만나 비서로 일했다. 1959년에 결혼하여 체가 죽은 67년까지 8년을 함께 살았다. 그녀는 체 게바라 사후 40주년에 맞춰 〈체, 회상〉(랜덤하우스, 2008년)이란 회고록을 펴냈다. 기존의 평전에 비해 체의 인간적인 면모를 부각시킨 회고록에서 그녀는 남편 체 게바라를 '돈키호테'로 묘사했다. '그는 세르반테스의 인물에 부드러움이 가미된 사람이었고, 비록 다른 상황이긴 해도 같은 목적을 위해 새로운 풍차를 향해 돌진하는 것을 주저하지 않았다.'고 그녀는 표현했다.

그의 유해는 총살당한 지 30년 후인 1997년 6월 볼리비아의 공동묘지에서 발견되었고, 그해 10월 전사한 당시의 그의 참모들과 함께 쿠바 산타클라라 시의 기념관에 매장되었다. 체 게바라는 〈쿠바에서의 인간과 사회주의〉, 〈게릴라전〉, 〈라틴 여행일기〉 등의 저서를 남겼다. 이상적인 사회를 향해 열정을 바쳤던 그의 모습은 앞으로도 지구촌 젊은이들의 우상으로 남아있게 될 것이다. 그가 외친 말과 함께.

"물레방아를 향해 질주하는 돈키호테처럼 나는 녹슬지 않는 창을 가슴에 지닌 채, 자유를 얻는 그날까지 앞으로 앞으로만 달려갈 것이다."

청소년들에게
'미래 자서전'을 쓰게 하자

인생에서 10대 청소년기는 자아를 발견하고 정체성을 확립해 나가며 인생 전체의 항로를 결정짓기도 하는 매우 중요한 시기이다. 하지만 청소년들에게 꿈이 무엇인지, 그 꿈을 이루기 위해 어떠한 실행 계획을 가지고 있는지 물어보면, 대부분 명확한 답을 내놓지 못한다. 입시 위주의 교육에 길들여진 탓에 눈앞의 성적에만 관심을 가질 뿐, 미래를 위한 구체적인 계획을 세우지 못하였기 때문이다.

이처럼 자기 인생의 분명한 좌표를 찾지 못하고 앞으로 나아갈 방법을 터득하지 못해 방황하는 청소년에게 나침반이 되어줄 유용한 방법 중의 하나가 바로 '자서전 쓰기'다. 자서전 쓰기는 청소년에게 자신이 품고 있는 꿈과 미래의 청사진을 그려보게 하는 것이다. 미래의 꿈뿐만이 아니라, 현재 자신이 안고 있는 고민과 절망, 억울함과 분노, 마음의 상처 등을 일기를 쓰듯 펼쳐 보이게 함으로써, 보다 가벼워진 마음으로 학교생활을 할 수 있게 도와주고 보다 균형 잡힌 가치관을 심어주는 것이다.

특히 청소년 대상의 책(글) 쓰기는 학업 스트레스에 내몰린 10대들에게 잠시 삶의 궁극적인 방향에 대해 고민하며 자신을 들여다볼 수 있게 해준다. 저마다 원하는 미래의 꿈을 체계적이고 현실감 있게 설계해가는 이 '책 쓰기' 작업은 인생의 밑그림을 그리는 청소년들이 반드시 수행해볼 만한 가치가 있는 일이다.

다만 청소년이 쓰는 자서전과 일반인이 쓰는 자서전에는 차이가 있다. 일반적인 자서전이 지금껏 살아온 삶을 정리하며 쓰는 글이라면, 청소년의 자서전은 앞으로 살아갈 미래를 디자인하고 성공한 자신의 이야기를 상상하여 마치 영화나 소설처럼 생생하게 적는 글이다. 즉 청소년의 자서전은 '미래의 자서전'이라는 대목에 방점을 찍어야 한다. 자신이 꿈꾸는 진로를 찾아 나서고, 그 진로 위에서 본받고 싶은 사람을 텍스트모델로 삶의 목표와 꿈을 찾게 하는 것이다. 그리고 더 나아가 꿈을 이룬 자기 모습을 미래의 관점에서 과거를 회상하듯 적어보는 자서전 쓰기 과정을 통해 청소년들은 자기 정체성의 발견과 더불어 자기 인생을 스스로 설계하는 힘을 기르게 된다.

대구 성산고등학교(교장 이성희)의 책 쓰기 동아리 '몽쉘'의 학생들은 벌써 3년째 책을 통해 서로의 꿈을 공유하고 있다. 꿈(夢)을 공유(Share)하는 아이들의 모임이란 뜻으로 이름 붙여진 '몽쉘'은 지난 2013년 1기생 9명이 모여 자신의 꿈 이야기를 풀어낸 〈달콤한 날개짓〉이란 수필집을 펴냈다. 이어 몽쉘 2기생 6명은 소설을 좋아하고 상상력과 개성이 강한 공통점이 있어, 2014년

<다모아>란 제목의 소설집을 출판하였다. 대구시교육청 책 쓰기 프로젝트 '책 쓰기와 사랑에 빠지다'에 선정, 책 시장에 선을 보인 이 책은 1장에서 아이들이 생각한 미래의 모습을 SF 공상과학으로 그려냈고, 2장은 자신들이 느낀 청소년 문제를 현실감 있게 그려냈다.

몽쉘 3기생은 책을 좋아하고 글쓰기에 의욕이 넘치는 7명의 남학생로 구성되어 있다. 이들은 버킷리스트 작성, 인생 그래프 그리기, 자서전 쓰기 등을 통해 자신의 아픔과 콤플렉스를 찾아내어 감성 성장 포토 에세이를 만들어가고 있다. 그리고 자신들의 상처를 치유해나가는 과정을 책으로 엮어 2015년 봄에 출판할 계획이다.

집과 학교, 학원을 오가는 빡빡한 일과 속에서도 아이들이 꿈을 펼칠 수 있었던 건 틈틈이 자신의 이야기보따리를 풀어놓고 담아내도록 도와주는 교사가 있었기에 가능하였다. 동아리 '몽쉘'을 지도해 온 김은숙(국어담당) 교사는 '책 쓰기를 통해 아이들은 지금까지 겪어보지 못한 힘들고 고된 과정을 경험했다'면서, '이 책들은 아이들이 서로의 믿음, 관심, 사랑을 밑거름으로 빚어낸 세상에 하나 밖에 없는 작품'이라고 말했다.

방학도 반납한 채 아침 이른 시간부터 야자까지 마치고 파김치가 되어 귀가하는 대한민국의 고등학생들. 성산고교 동아리 '몽쉘'은 인생의 목표를 대입에 둔다는 편견을 깨고 자신들의 이야기를 만들어왔다. 글쓰기는 자기를 들여다보는 과정이다. 가족과 친구들, 선생님과 서로 꿈을 나누니 한 권의 책이 만들어지고, 그것은 행복이란 선물로 돌아왔다.

이와같이 미래자서전은 종이 위라는 가상의 공간에서 한평생을 미리 살아 보는 것이다. 이것은 아직 인생이 무엇인지, 미래의 삶을 어떻게 영위해 나가야 하는지 모르는 청소년들에게는 자기 정체성을 찾아가는 경험이 될 것이다. 자신의 적성과 꿈을 찾지 못했던 청소년이 미래자서전 쓰기를 통해 인생의 목표를 설정하게 되면, 생각의 변화와 더불어 행동의 변화가 일어나 꿈과 비전을 실천해가는 성숙한 삶을 살게 될 것이다. '꿈을 시각화하면 그 이미지는 반드시 현실이 된다'는 삶의 진수를 직접 경험하게 되는 것이다.

청소년 책 쓰기 지도 원리와 방법

미래자서전을 쓰려면 자연스럽게 자신의 삶을 돌아보며 자신이 원하는 것이 무엇인지, 무엇을 하고 싶은지 진지하게 생각해 보게 된다. 이런 과정에서 자기반성과 자기 발견이 이루어지고 자아정체성을 찾게 된다. 자신이 이루어 가야 하는 삶이 무엇인지 아는 사람은 삶의 뚜렷한 가치관을 갖게 마련이다. 뚜렷한 가치관이 없으면 꿈과 비전을 성취할 수 없고, 영향력을 발하는 인생을 살 수 없다. 확고한 가치관이 성립된 사람은 적극적이고 성실하게 살아간다.

링컨, 빌 게이츠, 스티브 잡스, 한비야, 김연아…… . 우리가 인생의 멘토로 생각하는 성공한 사람들의 공통점은 자신의 꿈을 구체적으로 설계했다는 것이다. 그리고 그 설계를 꿋꿋하게 실천하여 마침내 꿈을 이루어냈다는 것이다. 어린 시절부터 미래의 꿈을 종이 위에 펼친 사람들의 기록은 자서전 쓰기의 효용을 뒷받침해준다. 글로 쓴 소원은 마음속에 상상을 불러일으키고, 그 상상은 엄청난 힘을 발휘하여 꿈을 이루고자 하는 강렬한 욕구를 일으킨다.

"세계를 돌아다니며 나라를 위해 일하는 외교관이 되겠다."(반기문 UN사무총장)

"나는 영화로 세계를 변화시키겠다."(스티븐 스필버그)

"세계 모든 가정, 모든 책상에 하나 이상의 개인용 컴퓨터를 놓게 하겠다."(빌 게이츠)

이들은 모두 청소년기에 자신의 꿈을 기록한 이들이다. 꿈에 대한 동기부여가 강렬한 실천 의지를 일으키고, 결국 끝내 그들은 자신의 꿈을 이루고야 말았다.

그러나 청소년들이 막상 자신의 미래가 담긴 자서전을 쓰려고 할 때 어디서부터 이야기를 시작해야 할지 막막하다. 더구나 앞으로 살아갈 날을 어떻게 글로 펼쳐낼 것인가에 대하여는 더욱 그러하다. 하지만 자서전을 쓰는 데는 일정한 형식이 있는 것이 아니기 때문에 걱정하지 않아도 된다. 마치 일기를 쓰는 것처럼 자연스럽게 써 나가면 어려움 없이 글을 완성할 수 있다. 지금까지 지나온 이야기와 앞으로 살아갈 삶의 이야기들을 생각나는 대로 솔직하게 기록하면 된다.

청소년이 쓴 자서전 원고가 마감되면, 파일이나 원고 자체로 묻어 두지 말고 책으로 완성해서 되도록 많은 사람에게 보여주는 것이 좋다. 자신의 인생 계획을 많은 사람과 함께 공유하면 꿈과 비전을 성취해 나가는 데 도움도 받을 수 있고 조언도 들을 수 있다. 함께 하는 사람이 많으므로 각 분야에 많은 조력자가 생길 수 있다. 책으로 만들어 두면 활용할 수 있는 부분이 많다. 지금까지 삶의 과정과 꿈을 항상 기록해 왔으므로, 굳이 수능점수에 의존하지 않고도 입학사정관 전형에서 자신의 모든 것을 한 권의 책으로 보여 줄 수 있다. 꿈과 비전을 계획하고 이루어 나가기 위해 도전하고 성취해 나가는 과정을 시기별로 정리, 기록해 두면 그것으로 자기만의 역사책이 된다.

* 참고 : 미래 자서전으로 꿈을 디자인하라(임재성 저/랜덤하우스코리아)

4장 **삶·앎·꿈을** 글로 풀어내는 방법

삶·앎·꿈을
글로 풀어내는 방법

4장

콤플렉스는 당신이 풀어가야 할 글의 주제다

우리를 짓누르는 강박관념

내가 아는 여성 S는 쉰에 이르도록 결혼을 기피했다. 서로 호감을 가지고 좋은 인간관계를 유지해 오다가도 남자가 이성으로 다가오거나 프러포즈를 해오면 그녀는 거리두기를 선언했다. 그럼에도 남자가 다가오면 그녀는 남자를 피해 떠났다. 활달한 성격을 보이는 S의 주변엔 늘 남자들이 있었고 많은 남자들이 그녀를 좋아했다. 그런데 주변 사람들의 흠모와 사랑에도 그녀의 마음 한 구석엔 늘 가족을 둘러싼 깊은 어둠이 깔려 있었다. 아버지가 어머니를 학대하는, 부모의 불행한 결혼생활을 지켜봐온 그녀는 자신의 결혼에 대해서도 부정적인 시각을 갖고 있었다. 어두운 자신의 가족사를 남자가 알게 되면, 결국 그도 자신 곁을 떠날 것이라는 두려움과 강박이 남자를 받아들이지 못하는 이유였다.

심리학에서 '잠재된 감정의 복합체'라는 뜻으로 명명한 콤플렉스는 행동이나 지각에 영향을 미치는 무의식의 감정적 관념을 뜻한다. 이것은 '강박 관념'이나 '열등감', '욕구 불만' 등의 용어로 쓰이기도 한다. 그것은 자신이 원하지 않는 생각과 행동에 반복적으로 괴로움을 당하며 그렇게 하지 않으려고 저항하면 할수록 더욱더 불안해지는 일종의 심리질환이라 할 수 있다. 이때 자신이 원하지 않게 반복적으로 떠오르는 생각을 강박적 사고라 하고, 이러한 강박사고에 의해서 자신이 원하지 않는 반복적인 행동을 하는 것을 강박적 행동이라 한다. 강박증 환자의 약 70%는 강박적 사고와 강박적 행동 모두를 가지고 있는 것으로 알려져 있다.

집을 나오기 전에 문단속을 했는지 몇 번씩 확인한다거나, 영화 '이보다 더 좋을 순 없다'의 남자 주인공처럼 손에 세균이 묻을까봐 늘 장갑을 끼고 외출을 하며 과도하게 손을 씻는 행위 등은 모두 강박관념에서 나온 행동이다. 이처럼 오염에 대한 지나친 의식, 지나친 청결, 병적인 의심, 질병이나 특정 신체부위에 대한 과도한 염려, 반복적으로 성적인 생각에 시달리는 것 따위가 강박의 증상이라 할 수 있다.

콤플렉스는 내가 풀어가야 할 글의 주제

어린 시절 어머니의 사랑을 받지 못해 생겨난 애정 콤플렉스

때문에 사랑하는 여자를 끔찍할 정도로 구속하고 불신하는 남자, 남자 콤플렉스로 인해 남자의 권위적인 태도만 보면 격렬한 반응을 보이는 직장 여성 등 우리 주변에는 다양한 콤플렉스의 굴레에 갇혀 갈등하는 사람들이 있다. 그들의 초상화는 또한 남모를 콤플렉스를 안은 채 살아가는 우리의 모습이기도 하다.

이러한 강박관념에 대한 그동안의 인식은 '자신을 힘들게 몰아세우고, 주변사람들에게 상처를 입히는 나쁜 것'으로 간주돼 왔다. 그러나 현대인들에게 이런 콤플렉스나 강박증은 더 이상 약점이 되지 않는다. 오히려 자기 안의 열등감이나 욕구불만을 외면하지 않고 잘 수용할 경우, 자신을 성장시키는 동력이 되어줄 수 있다는 게 정설이 되고 있다.

글을 쓰는 사람은 자신의 강박관념에 대해 쓰게 되어 있다. 나는 자서전쓰기 교실에서 자주 이 점을 강조한다. 자주 출몰해서 자신을 괴롭히는 것, 절대 잊을 수 없는 것, 그것에서 놓임 받기를 바라는 것을 이야기로 풀어내는 게 바람직하다. 오랜 세월 간직해온 자기만의 욕구불만이나 열등감 등을 글쓰기에서조차 솔직하게 털어놓지 못한다면, 그것은 자신을 위한 글쓰기가 아닐 것이다.

우리는 누구나 알게 모르게 일상에서 강박충동의 조종을 받는다. 알코올 중독자는 본능적으로 술을 찾는다. 자기 집에 감춰둔 술이 어디에 있는지, 그 술의 도수가 얼마나 되는지를 용케 알아챈다. 산해진미가 차려진 잔칫집에 가더라도 그의 눈엔 오직 술밖에 보이질 않는다. '앞으론 결단코 술을 입에 대지 않겠다'고

호언맹세를 하고서도 며칠 못가서 알코올에 자신을 내어주고 만다. 의식 상태에선 제어하려 하나, 무의식의 감정과 행동이 반복적으로 그를 옭아매기 때문에 알코올 중독자가 술을 끊는 일은 참으로 어렵다. 이런 중독증처럼 강박증도 불가항력의 힘을 지니고 있다. 그러나 우리가 마음속의 아픔과 그늘을 알아차리고 대면할 때, 그것은 완전히 새로운 이야기로 펼쳐지고 새로운 창조를 실현할 수 있도록 돕는다.

나는 술(체질상 아예 술을 못한다)에 대한 강박증은 없으나 과거 한때 흡연을 즐겼다. 젊은 시절 잘라내기 힘들었던 딱 하나의 물질중독이 나에게는 담배였다. 분위기 좋은 커피숍을 자주 찾았던 이유도 커피보다는 담배를 피우면서 이야기를 나눌 수 있는 공간이 그곳이었기 때문이었다. 원고를 쓸 때에도 나의 한 손에는 담배가 들려 있었다. 그때 나는 글이 풀리지 않는 잠깐의 공백을 메워주면서 긴장의 이완을 제공해주는 기호식품으로 담배만한 것은 없다고 생각했다.

심지어 나는 시야가 탁 트인 바다를 바라보면서도, 어느 주인공의 기구한 인생이 펼쳐지는 영화를 보고 있는 순간에도, 담배를 생각하고 있는 나를 보았다. 그리고 나이 마흔을 지나 심리상담학을 공부하면서 흡연에 집착했던 나 자신의 강박증에 대해 심리분석을 겸한 글쓰기를 했다. 글쓰기를 통해 내 안의 담배 이야기를 풀어내며 담배로부터 자유를 얻을 수 있었다.

삶의 활력으로 되살아나는 콤플렉스

이런 것처럼 자신의 내면에 진을 치고 있는 강박증과 콤플렉스는 숨길 것이 아니라 밖으로 표출시켜야 하는 것이다. 여태껏 자신을 시시때때로 억압해왔거나 지금도 자신을 괴롭히는 이 강박증에 현미경을 들이대고 글로 풀어가는 순간, 그 콤플렉스는 놀라운 삶의 에너지로 환치될 것이다. 자신 안에 가둬뒀던 강박이나 콤플렉스를 열어 보이는 만큼 주위의 이해와 도움도 받을 수 있게 된다. 이것이 갈 길을 잃고 막혀 있던 삶의 에너지, 즉 콤플렉스가 가진 힘이다.

오프라 윈프리(Oprah Winfrey)는 자신의 콤플렉스를 '별'로 만든 사람이다. 그녀의 경력은 비련의 주인공처럼 참혹하다. 빈민가의 딸, 가난한 흑인 사생아, 9세 때 사촌에게 강간당한 성폭행 피해아동, 14세에 아이를 낳았다가 2주 뒤에 그 아기의 죽음을 지켜본 미혼모, 마약 복용으로 수감 경력이 있는 전과자……. 그럼에도 불구하고 그녀는 2005년 타임지가 선정한 '미국을 움직이는 가장 영향력 있는 100명의 인물' 가운데 1위에 올랐다. 한 여인이 '남자들에게 강간당하고 마약도 해요.' 라고 말했을 때, 그녀는 '나도 사생아로 태어나 어릴 적 강간당한 적이 있어요.' 라고 대답했다. 수많은 관중들 앞에서 그 말을 하고 나서 윈프리는 깃털처럼 마음이 가벼워졌다고 한다.

콤플렉스는 감추면 그것은 홀로 감당해야 하는 아픔이 되지만, 자신의 콤플렉스에 대해서 말하는 순간 그것은 더 이상 콤플렉스가 아니다. 윈프리는 미국 전역의 시청자들 앞에 그것을 털어놓음으로써, 그녀의 상처(Scar)는 오히려 그녀로 하여금 사람들 사이에서 빛나는 별(Star)이 되게 해주었다. 이처럼 우리가 자신의 콤플렉스를 글로 옮기는 동안 우리는 자유로운 영혼이 된다. 그리고 나처럼 콤플렉스를 지니고 살아가는 수많은 사람들의 공감을 이끌어낸다. 그리하여 나의 상처는 치유되고, 내 이야기는 독자들에게 다가가 그들의 아픔을 감싸준다.

결국 내 안의 콤플렉스는 감추어야 할 부끄러움이 아니라, 함께 풀어써야 할 소중한 글의 주제가 된다. 자, 이제 가슴 속 그림자를 꺼내 원고지에 펼칠 준비를 하자.

작가는 '모래 한 알'에서
'세상'을 볼 수 있어야 한다

TV에서 툰드라의 대자연과 원주민들의 순박한 삶을 담아낸 다큐멘터리를 본 적이 있다. 툰드라에서 가장 전통적인 방식으로 살아가는 순록유목민들의 꾸밈없는 일상을 조명한 내용이었다. 이들은 툰드라의 대표적인 동물 순록과 더불어 의식주를 해결하고 순록과 함께 1년 동안 1000㎞ 이상을 이동하며 살아가는데, 특별히 나의 오감을 사로잡은 장면이 하나 더 있었다.

열 살도 채 안 된 사내아이가 자기 집에서 키우는 1백 마리가 넘는 가축의 이름과 생김새와 특징들을 낱낱이 기억하고 있는 게 아닌가. 얼핏 봐선 놈들의 모양새가 다 똑같아 전혀 구별이 안 되건만, 아이는 어떤 놈이 아픈지, 식성이 좋은 지, 힘이 센 지 등을 죄다 꿰고 있었다. 매일 순록과 함께 지내며 그놈들과 깊이 연결되어 있기에, 아이의 눈엔 순록들의 상태가 훤히 보였을 것이다. 빨간 볼에 거친 손을 가진 아이는 이 가축들이 떼려야 뗄 수 없는 가족이고 친구이며 소유임을 말없이 보여주고 있었다.

우리가 만나는 대상이 꽃이든 동물이든 그것의 이름을 알고 배경지식을 갖고 있을 때, 우리는 그것의 근원에 훨씬 가까이 다가갈 수 있다. 내가 어릴 적 과수원을 운영하시던 나의 조부는 과수묘목이나 특용작물 등에 관해 연구하는 원예 분야의 전문가였다. 조부의 책상 위엔 언제나 원예와 관련된 책들이 놓여 있었다. 홍옥·부사·국광·홍로·아오리 등 그 많은 사과의 종류와 특성들을 모두 알고 있었으며, 넓은 과수원엔 배나무와 감나무, 밤나무와 복숭아나무들이 숲을 이뤘다.

꽃밭 꾸미기도 좋아한 조부 덕분에 집안 화단과 기다란 담장 둘레엔 사시사철 다양한 꽃나무와 화초들이 만발했다. 그는 이웃집과 인근 마을까지 불려 다니며 개량종의 과실수와 꽃나무들을 무상으로 심어주곤 했던, 소위 재능기부의 선구자였다. 그러니까 내 조부께선 평생을 '식물과의 연애'에 풍덩 빠져 지내셨던 것이다.

지금도 도심 공원이나 어느 전원도시의 한적한 골목길에서 익숙한 꽃들을 만나면, 어린 시절의 추억이 고스란히 살아나면서 그것들이 한결 더 정겹고 친숙하게 내 안으로 들어온다. 뿐만 아니라 주변에 펼쳐진 풍경들을 눈여겨 바라보며 그 풍경을 이루고 있는 사물들의 이름을 하나씩 불러보면, 이 우주가 나무와 꽃 하나하나를 얼마나 공들여 키우고 돌보는지를 알 수가 있다. 특히 그 꽃과 내가 따로따로가 아닌 '하나'이며, 나도 그 식물들과 동일하게 자연의 일부임을 느끼게 된다.

사람도 마찬가지다. 단순히 그의 이름을 알고 사회에서 통용되는 직함을 알고 있다 해서 그를 안다고 할 순 없다. 그가 살아온 인생을 관심 있게 들여다보는 것이 우선되어야 할 것이다. 그가 가치 있게 여기는 것이 무엇이며, 어떤 취향을 갖고 있는지, 지금 무얼 고민하고 있는지 등을 '서로 묻고, 소리 내어 알리며' 상대의 말에 귀 기울이고 볼 일이다. 그러면 그의 고유성을 알게 되고 그를 존중할 수 있게 되며 그를 위해 마음이 실린 지지와 응원을 보내줄 수 있게 된다. 그러니 내 앞에 서 있는 그 사람을 그냥 '사람'이라고 부르지 말아야 할 것이다. 최선을 다해서 맞이해야 할 '아주 특별한 대상'으로 대해야 할 것이다.

'그냥 꽃'이라고 '그냥 사람'이라 부르지 말자

글도 구체적이지 않으면, 두루뭉술해지기 쉽다. 구체적으로 어느 해, 어떤 계절, 어느 날이었는지, 그때 그 순간이 고스란히 느껴지도록 써야 한다. 그냥 '과일'이라고, 그냥 때 되면 늘 피는 '꽃'이라고도 부르지 말아야 한다. 지금 보고 있는 그 꽃, 지금 맛보고 있는 그 과일을 말할 수 있어야 한다. '씹으면 새콤달콤한 알갱이가 입안에서 톡 터지는 상큼한 맛의 오렌지'라거나, '유럽의 제비꽃을 개량한 꽃, 팬지', '흰색 · 노란색 · 자주색이 기본색이어서 삼색제비꽃이라고도 부르는 꽃' 등의 표현이 좋겠다. '나에게 파리의 겨울은 집집마다 창가에 놓인 제라늄 꽃으로 다가왔다.’(〈윤후명의 식물이야기〉 중에서)라고 해도 좋다.

생텍쥐페리의 소설 ‘어린왕자’에는 이런 대목이 있다.

“어른들에게 ‘창가에는 제라늄 화분이 있고, 지붕에는 비둘기가 앉아 있는 예쁜 장밋빛 벽돌집을 보았어요.’ 하고 말하면, 어른들은 그 집이 어떤 집인지 상상하지 못한다. 하지만 대신 ‘10만 프랑짜리 집을 보았어요.’ 라고 말하면, 그들은 ‘야, 정말 멋진 집을 보았구나.’ 하며 감탄했다.”

유럽의 집집마다 창가에 제라늄을 놓아두는 이유는 꽃을 이용해 방충 효과(* 제라늄은 모기가 싫어하는 냄새를 갖고 있다.)를 얻기 위한 목적이 우선이었다. 그럼에도 독자는 ‘창가의 제라늄’이란 표현을 대하면, 그 정경을 눈앞에 그려보게 된다.

사물의 이름을 낱낱이 불러주고 그 사물만이 갖고 있는 고유성을 알게 될 때, 우리는 그것을 가슴에 더 깊이 품을 수 있다. 그 사물에 우리가 가까이 갈수록, 그 사물은 우리에게 더 많은 것을 가르쳐 줄 것이다. 그러므로 지금 눈앞에 있는 사물 속으로 풍덩 빠져들어야 할 것이다. 작가란 사물 속으로 깊이 파고들어 얻은 것들을 글이라는 수레에 실어 나르는 사람이다. 그리하여 ‘한 알의 모래에서 세상을 보고, 한 송이 들꽃에서 천국을 보는’(윌리엄 브레이크, 순수의 전조) 행운을 거머쥔 사람이 바로 작가다.

삶과 일치되는 글,
그 진정성에 대하여

나직한 목소리와 삶의 감동

　자기 소신과 가치를 실천하며 살아가는 작가에게서는 무한한 힘이 느껴진다. 비록 그들이 작고 낮은 자리에 있을지라도, 그들에게는 다른 이들이 갖지 못한 의연함과 건강함, 무한 신뢰와 안정이 있고, 삶의 감동이 있다. 그들은 남의 눈을 위해 자기의 글을 치장하지 않으며, 글 속에 자신을 당당하게 드러낸다. 그것은 자신의 삶이 작품 속 이야기와 일치를 이루는 까닭이다.

　삶과 글이 일치하는 인생을 살았던, 성자 같은 이미지의 작가 한 사람이 있었다. 동화 작가 권정생(1937~2007) 선생이 그다. 선생은 평생을 병든 몸으로 가난하게 살면서도 주옥같은 작품들을 남겼다. 그는 스스로 선택해서 더 지독한 가난과 더 낮은 자리로 걸어갔으며, 청빈한 삶으로 더 높은 곳을 바라며 더 부유함을 좇는 세인들에게 교훈을 남겼다. 그리하여 세상 사람들이 '활짝 핀 꽃이 아름답다'고 칭송할 때, 선생은 거꾸로 거름이 되어 꽃을 키우는 '강아지똥(선생의 대표 동화)'을 노래 불렀다. 평생을 경북 안동의 시골마을 오두막집에서 '새벽 예배당 종을 울리는 종지기 권 집사'로 가난한 삶을 이어갔다. 그런 중에도 억울한 일을 당해 눈물 흘리는 이웃들을 위해 차가운 마룻바닥에서 매일 기도를 바쳤으며, 어려운 이들과 함께하는 삶을 마다하지 않았다.

선생의 작품들 또한 선생의 삶처럼 '작고, 낮고, 약한 것'들의 이야기로 꾸려졌다. 선생의 대표작 〈몽실 언니〉는 일제강점기에 태어나 한국전쟁을 겪으며 힘겹게 살았던, 가난한 아이 '몽실의 이야기'다. 가난과 전쟁 때문에 몽실이는 두 아버지와 두 어머니를 맞이하게 되고, 훗날 그들 모두를 잃는다. 새아버지의 폭력으로 절름발이가 되고, 아버지와 어머니가 각기 다른 세 동생을 떠맡는다. 질긴 불행 속에서도 어린 몽실이는 동생들을 거두고 자신에게 불행을 안겨준 부모들을 이해하고 용서한다. 작가는 그가 깨달은 삶의 진실을 나직하지만 단호한 목소리로 우리들에게 들려준다.

중요한 것은 이 모든 이야기가 작가 자신이 온몸으로 직접 보고 듣고 겪고 느낀 것의 소산이라는 점이다. 바로 그 자신의 이야기였던 것이다. 작가는 평생 그의 이야기 속 주인공처럼 작고 낮고 약하고 가난하게 살았으며, 그런 중에도 아가페오적인 사랑을 실천하는 삶을 살다가 갔으니 〈몽실 언니〉를 비롯한 그의 이야기들은 곧 그의 삶이요 정신이며 전부다.

글쓰기와 삶은 하나다

1970년대. 젊은 청년 하나가 철거촌의 어느 집에 앉아 있었다. 그의 집은 곧 철거될 위기에 몰려 있었다. 그는 호주머니를 털어 산 소고기로 국을 끓여 마지막 만찬을 준비했다. 그때 해머를 든 철거반들이 몰려들었고, 만찬을 시작하기도 전에 모든 것이 허물어져 갔다. 그는 이 야만을 기록해 두어야 한다고 생각했고, 인간의 기본권이 말살된 '칼'의 시간에 작은 '펜'으로 저항을 준비했다.

'이런 슬픔, 이런 불공평, 이런 분배의 어리석음이 미래에는 없기를' 바라는 시대의 경계표지, 주의표지를 그는 열두 개의 단편으로 정리했다. 그 주의표지에는 우리 시대의 약자, 가난한 자, 소수자, 소외당하고 핍박받는 이들의 이름이 적혀 있었다. 불의에 저항하는 그들의 분노와 사랑과 이상이 간결하고 투명한 문체로 함축돼 있었다. 시대의 약자들은 난쟁이로, 꼽추로, 앉은 뱅이로 상징되었다.

1978년에 출간된 청년작가 조세희의 〈난장이가 쏘아올린 작은 공〉에 관한 이야기다. 어느덧 30년이 지나는 사이 이 책은 100만 부 이상이 팔려나갔다. 하지만 유감스럽게도 이 주의표지, 경계표지는 지금도 여전히 선명하며 유효하다. 뿐만 아니라 숱한 세월이 지났음에도 전혀 자라나지 못한 '난쟁이'들이 우리 주변엔 여전히 많음을 발견한다.

글쓰기를 업으로 삼는 사람들이라면 누구나 '작고 낮고 약한 이야기'를 써보고 싶다거나, 써야만 할 것만 같은 소명감을 한 번쯤 품어봤을 것이다. 시가 됐든 소설이 됐든, 문학이란 우리의 삶과 유리되어선 안 되며 어떤 식으로든 우리의 삶에 뿌리내리고 있어야 한다는 거룩한 부담을 지니고 있으니까.

지금은 기억조차 희미해졌지만 나는 딱 두 번, '소설을 써보아야겠다'는 생각을 갖고 시도했던 적이 있다. 학창 시절 '소설론'을 가르치던 교수님이 단편소설 한 편씩을 써오라고 과제로 부과했을 때, 그리고 스물아홉을 막 지날 어느 무렵이었다. 그것도 '인간의 불의와 세상의 불평등'을 다룬 작고 낮은 삶의 이야기, 그러니까 앞서 말한 〈몽실 언니〉나 〈난장이가 쏘아올린 작은 공〉 같은 그런 소설을 쓰고 싶었다. 그러나 나는 곧 그 꿈을 접어야만 했다. 나는 그분들처럼 살아오지도 않았을 뿐만 아니라, 앞으로도 그렇게 살아갈 자신이 없었던 것이다. 그분들의 '삶과 일치하는 글'이 갖는 진정성과 무한한 힘을 그 작품들을 통해 이미 목도해 버린 이상, 어찌 감히 낮은 이야기를 흉내 낼 수 있겠나 싶어서였다.

요즘 글쓰기 교실과 북 코칭 그룹 안에서 우리는 '삶이 어떻게 해서 글이 되고 책이 되는가?'에 대하여 자주 논의를 한다. 이 주제는 '자기 삶과 일치되는 글쓰기'와 '이왕 살아가는 인생, 어떻게 하면 글이 나오고 책이 될 만한 삶을 살아갈 수 있을까?'와 연

결이 된다. 또한 지금의 자리에서 '앞으로 어떤 글을 쓰면서 살아
갈 것인가?'를 스스로에게 묻고 답을 구하는 시간으로 채워진다.
어떤 글을 쓸 것인가에 대한 고민은 결국 어떤 삶을 살 것인가와
철저히 맞물려 있는 것이다.

04

자기 서사 쓰기는 '나 되어감(性)'을 완성하는 일이다

변화의 시대, 위기의 사회를 헤쳐 나가기 위해 가장 많은 공부를 하면서도 불안과 초조를 잠재우지 못하는 안쓰러운 세대. 바로 현대인들의 공통점이 아닐까 한다. '지식경영시대'를 지나 '스마트워크' 시대를 살아가는 요즘, 대부분의 직장인들은 너나 할 것 없이 자기 계발에 힘쓴다. '샐러던트(직장인과 학생의 합성어)'라는 단어가 친숙하게 여겨질 만큼, 저마다 자신의 전문 분야에 대한 심화학습 과정을 밟는 게 최근의 트렌드가 되었다.

그런데 안타까운 것은 이러한 자기계발이 자신의 가치관, 기질, 장점, 꿈 등의 내적 동기와는 무관하게 이뤄지는 경우가 많다는 사실이다. 이 분야 저 분야에서 자기개발 학습이 유행처럼 나타났다 사라지는 현실이 이를 잘 말해주고 있다. 외적 동기를 쫓아 자기 계발에 힘쓰다 보면 '자기'는 없고 공허감만 남기 쉽다. 또한 자기계발의 양상이 종합적인 자아실현과 동떨어져 있을 경우, 궁극적으로 삶의 질을 높이는 데 별반 도움을 주지 못한다. 따라서 자기 계발에 들어가기 전에 반드시 선행되어야 할 것은 자기 자신, 더 나아가 인간의 본성에 대해 보다 더 정확히 아는 일이다.

인간의 본성을 나타내는 성(性)이란 '아이가 어른이 되어가는 전체 과정'을 뜻한다. 性은 진화의 중심에 있다. 한자의 풀이 그대로 태어나려는 마음, 살고자 하는 마음, 낳으려는 마음, 살리려는 마음 네 가지 속성이 곧 性이다. 生(생)이 사람이라면, 性은 사람됨의 다른 이름이다. 인간은 생존을 위한 선택 능력을 부여받았을 뿐만 아니라, 性에서 만족될 때 좋은 유전자를 물려주게 된다. 그런 면에서 부모는 육체를 뛰어넘는 지적인 뇌(腦)라 할 수 있다. 性은 이렇듯 끊임없이 섞이고, 다양성을 제공하며, 사람과 사람 사이에 유전자를 건네주는 과정을 반복한다. 이러한 인간의 본성을 알고, 자신의 '되어져 가는 꼴'을 살펴 성숙한 어른으로 성장해 가는 것. 그것이 곧 지성(知性)이다.

나는 누구인가? 이 물음은 인간의 근본 화두일 것이다. 철학의 양대 축인 존재론과 인식론도 '나는 누구인가', '나는 내가 누구인지 알 수 있는가'라는 물음의 확장이다. 고대 그리스와 중국에서부터 포스트모더니즘에 이르기까지 동서고금을 통틀어서 철학의 관심은 언제나 '나(주체)'에서 출발하고 '나'에게로 귀착한다.

인간의 자기 이해는 인류역사에서 다양하게 제시되어 왔다. 그 다양한 인간의 자기이해 방식은 이성적, 본능적, 정치사회적, 미학적, 욕망 등으로서의 인간관에 따라 각자 다르게 등장했다. 예컨대 19세기 독일의 철학자 니체는 인간의 본성을 살아 있는 모든 것의 내적 역동성, 즉 '주인이 되고자 하며 더 크고 강력하고자 하는 힘'이라고 규정했다. 프랑스의 철학자이자 소설가인 카뮈는 '부조리한 삶의 극단에서 자유와 행복을 추구하는 것'을 인간의 본성이라고 정의했다. 두 번의 세계대전을 겪으며 실존에 눈뜨게 됐다고 말했던 그는 인간의 본성이란 '실존, 그리고 생각하며 느끼는 지성과 감성의 종합'이라고 봤다.

공자는 인간을 욕망에 얽매여 사는 소인과 이성적 판단이 가능한 군자로 나누고, 인간에게는 두 가지 모습이 모두 잠재돼 있다고 말했다. 사회적 관계에 부합하는 책임과 의무를 다해야 한다는 원칙은 종종 인간의 이기적 욕망과 충돌하는데, 공자는 이때 자기 자신을 극복하여 예(禮)를 회복하는 것을 통해 문제 해결이 가능하다고 했다.

이에 비해 도가에서는 '인간은 땅을 본받고, 땅은 하늘을 본받고, 하늘은 도를 본받고, 도는 자연을 본받는다.'고 보았다. 여기서 자연은 자연현상이나 자연계의 사물이 아닌, 도와 인간을 포함한 천지만물의 스스로 그러한 본질적 성향을 의미한다. 도가는 법(法)으로 대표되는 국가제도와 예(禮)로 대변되는 사회규범을 부정하고, 자연의 본질적 성향에 따라 삶을 속박하는 굴레에서 벗어나 자유롭게 살아가라고 가르친다.

자기성찰을 나타내는 '성(省)'은 참된 자신을 찾는 것이다. '눈을 가늘게 치켜뜨고 스스로를 비쳐 살피는' 것이다. 이렇듯 자신을 잘게 쪼개서 살피는 것은 '어른의 길(道)'을 제대로 가고 있는 지를 알기 위함이다. 그래서 인간의 도리에 충실한 삶을 밟아가고 있는지, 혹여 그 사람됨의 길에서 벗어나 있는 건 아닌지 등을 세심하게 살펴 바로잡아 나가는 것이 바로 성(省)이다. 그리하여 사람의 길에서 벗어나 있는 자기 자신을 수정하고 다듬어서 진정한 어른이 되게 하는 일련의 과정을 지속적인 학습과 교육, 즉 가르침(敎)이 담당한다.

결과적으로 자기성찰이란 그 누구도 아닌 '참 나'를 알아가는 과정이다. 자기 자신을 있는 모습 그대로 바라보고 자신의 내밀한 욕망을 알고 그 욕망을 사랑하는 것. 그것이 참 나로 살아가는 여정의 첫걸음일 것이다. 그렇게 참나(眞我)를 찾아 충일한 삶을 살아가는 사람들은 자신의 내면으로부터 우러나온 '욕망'을 사랑하되, 바깥에서 주입된 욕망을 절제할 줄 안다. 세속에서 길들여진 헛된 욕망을 멀리 함으로써 '깨어 있는' 걸음으로 나아가는 것이다. 그러면서 그는 자신이 진정으로 하고 싶은 일에 매진한다. 그래서 삶의 주인공으로서 자신을 완성해 간다.

자신의 면면을 살피고 보듬는 개인 서사 쓰기야말로 '나 되어감(性)'을 가장 찬찬하게 밟아가며 완성해가는 바로미터일 것이다.

유능한 전기작가(傳記作家)가
되려면

'삶을 진중하게 다루는' 마인드가 먼저

자서전 쓰기란 누군가의 삶을 녹여 한 권의 책에 차곡차곡 담아내는 생애기록이다. 그런 고로 자서전은 글보다는 '삶을 중요시' 여긴다. 글을 짓거나 다듬는 법이야 책도 많고 학원도 있다. 글쓰기 기술만을 전문으로 가르치는 강사도 있고, 대학의 학과도 있다. 하지만 글이 아닌 삶을 쓸 때는 '빨리', '잘' 쓰는 게 최선은 아니다. 글은 치장을 하고 눈속임도 할 수 있지만 삶은 그렇지가 않다. 글은 쉽게 지우개로 지울 수 있지만, 삶은 생채기로 고스란히 남아있다. 따라서 '한 사람의 삶을 다루는' 전기 작가가 되려면, 이런 마인드로 무장해야 할 것이다.

취재원의 목소리를 고스란히 옮겨보는 연습을

　작가의 상상력으로 글을 쓰는 소설가와는 달리, 전기 작가는 취재원의 목소리를 담은 녹음내용과 취재노트에 기록한 내용을 글로 옮기는 작업이 필수다. 그중에서도 가장 많은 시간을 차지하는 일은 인터뷰한 녹음내용을 그대로 활자로 옮기는 작업(녹취록 작성)이다. 보통 한 시간 녹음분량의 녹취를 푸는데 하루 8시간 정도가 소요된다. 두세 시간 이상 인터뷰를 하고 나면 하루 종일 녹취내용을 푸는 데만 시간을 바칠 수도 있을 것이다. 처음엔 토씨 하나 틀리지 않게, 때론 웃음과 한숨 소리도 고스란히 활자로 옮겨보는 연습과정도 필요하다. 나중엔 글에 담을 내용보다 버릴 내용이 더 많을 게 분명하지만, 처음부터 글에 쓸 부분만을 발췌하는 식으로 요령을 익히는 태도는 그리 바람직하지 않을 것이다.

충분히 글로 풀어놓은 뒤 줄여간다

　글을 고무줄처럼 늘였다 줄였다 하기란 그리 쉬운 일이 아니다. 바쁜 일과 속에서 짬 내어 글 한 줄 쓰기도 힘든 판국에 글 한 꼭지를 가지고 줄였다 늘였다 하는 것은 답답한 노릇이기도 하다.
　그렇다 하더라도 일단 취재원이 꺼낸 이야기와 하고 싶은 말

은 모두 글로 옮겨쓰는 것이 좋다. 쓸 말 안 쓸 말을 정확히 가려
내어 글의 틀을 완성해서 쓰면 효율적이겠지만, 조금 미련해 보
일지라도 두세 배 분량으로 풀어 놓아도 괜찮다. 그리고 혹시라
도 취재원의 빠진 말이 있을까 꼼꼼히 챙겨가며 글을 완성한다.
그 뒤에 조금씩 줄여가는 작업을 하다보면 어느덧 완성도 높은
글이 나오게 된다. 이처럼 여러 번 다듬으면서 줄인 글은 자신을
흐뭇하게 할 것이다.

취재원의 삶이 원고를 쓰는 자신에게 흘러오게 한다

전기 작가에겐 녹음된 목소리를 다시 듣고 취재노트를 들추는
그 순간이 실제 글을 쓰는 시간이다. 아니 그 시간을 행복하게
여길 수 있어야 한다. 취재노트와 녹음기 속의 목소리를 흰 종이
에 고스란히 살려놓는 원고작업이 곧 '작품'이 된다. 왜냐하면 그
곳에는 글이 아닌, 삶이 담겨 있기 때문이다.

특히 녹취 내용을 옮기고 글을 줄이고 다듬고 하다보면 내 삶
에 취재원의 삶이 고스란히 들어온다. 취재원이 말했던 내용만
이 아니라 소리에 감춰진 마음도 전해진다. 들리는 부분만이 아
니라, 들리지 않는 소리를 찾을 수 있다. 보이는 것만이 아니라
보이지 않는 상대의 모습도 글에 담을 수 있다. 이렇게 작업을
했을 경우, 원고가 나오고 나면 취재에 응해준 상대로부터 '어
떻게 내 삶을 이렇게 정확하게 잡아낼 수 있느냐'는 우회적 칭

찬을 받게 될 것이다.

미련하고 우직하게 글과 씨름한다

글로 자신(혹은 취재원)의 생각을 세상과 나누기로 했다면, 좀 미련하다 싶을 정도로 글과 씨름할 줄 알아야 한다. 한 사람의 인생을 텍스트로 삼아서 독자의 가슴을 적시고 혼을 건드리는 글이 되게 하려면, 집필에 들어가기 전부터 줄곧 생각을 정리하고 숙성시킬 수 있는 시간의 확보가 필요하다. 인생의 문제 앞에 골방에 들어가 고요히 무릎 기도를 하듯, 애벌레가 나비로 변태하기 위해 고치에 들어가 암흑의 시간을 견뎌내듯, 생각의 정리와 숙성을 가져다주는 사고의 발효 과정이야말로 자신(취재원)을 치유하고 삶을 정돈하는 일이기 때문이다.

전기 작가란 나 자신의 생애를 비롯해 누군가의 삶을 쓰는 사람이다. 그리고 글쓰기에 임하는 자세는 '미련하게'를 택하기를 권한다. 미련스럽더라도 내 삶을 고스란히 끄집어내는 작업을 하는 것, 그리고 타인의 삶을 고스란히 드러나게 하는 것. 이것이 전기 작가의 역할이자 사명일 것이다.

06

생애의 후반부 설계,
사명선언서로 완성하자

사명선언서는 자신의 꿈과 그 실천을 위해 필요한 사항을 선언문의 형식으로 정리해 놓은 글이다. 인생이라는 험난한 항해를 위해서는 반드시 나침반이 필요하다. '당신의 비전은 무엇입니까?'라고 물으면 대부분의 사람들은 바로 대답을 못하고 우물쭈물한다. 이처럼 분명한 대답을 하지 못하는 이유는 구체적인 꿈이 없거나 설령 있다 해도 인생의 꿈을 시각화하지 않았기 때문이다.

이와 같이 자신의 꿈을 구체적으로 설계하지 못한 경우 '사명선언서'를 작성하면 자신의 꿈과 실현에 한결 가까이 다가갈 수가 있다. 사명선언문은 가훈이나 개인의 좌우명을 좀 더 구체화한 일종의 '개인 헌장'과도 같은 것이다. 또한 살아가면서 부딪치는 모든 문제들에 대해 현명하게 판단하고 결정할 수 있는 나침반이나 등대 역할을 해줄 것이다.

사명선언문을 작성하는 일이 중요한 이유는 현대인의 바쁜 일상 속에서 망각하기 쉬운 가치들을 떠올리게 하고, 그 가치들을 기준 삼아 모든 것을 생각하고 말하고 행동하게 하기 때문이다. 자신의 비전과 목표에 맞는 사명선언서를 작성하면 일단 '할 수 있다'는 마음이 생긴다. 무엇보다 삶의 목표와 관련해서 '하지만', '그런데', '만약' 따위의 말을 덧붙이지 않게 된다. 사명선언서는 한두 문장에서 몇 단락이 될 수도 있다. 그러나 간결할수록 좋다.

벤자민 프랭클린은 1706년 보스턴에서 태어났다. 그는 비누와 양초를 만드는 가난한 가정의 17자녀 중 15번째 아이였다. 어린 프랭클린은 글을 일찍이 깨우쳤지만, 비싼 학비 때문에 공식적인 학교 교육은 2년밖에 받지 못하고 10살 때 학교를 그만두어야 했다. 읽기와 쓰기에서 각각 '매우 잘함'을 받았던 플랠클린은 글쓰기 기술을 계속 연마하여 형이 발간하는 신문에 여러 차례 기고하였다. 17살 되던 해 뉴욕과 필라델피아로 거처를 옮긴 벤자민은 24살 때 자신의 인쇄소를 갖게 된다. 이후 37년이 지난 뒤엔 그는 펜실바니아 신문을 발간하였다.

이후 벤자민은 성공적인 조직가이자, 개혁가였으며, 저명한 과학자로 전 세계에 이름을 떨쳤다. 평생 그 자신을 엄격하게 다스려온 프랭클린의 개인 헌장 '12가지 덕목'은 지금까지도 세계인의 귀감이 되고 있다.

그렇다면 사명선언서를 어떻게 작성해야 할까? 먼저 사명선언서에는 비전과 목표, 실천 계획 등이 포함되어야 한다. 아직 사회경험이 적거나 나이가 어린 학생의 경우엔 롤 모델을 정해두는 것도 좋다. 목표는 단기, 중기, 장기로 나눠 구체적인 숫자로 표기해야 한다. 그것은 목표달성 여부를 측정할 수 있어야 하기 때문이다. 이때 자신이 꿈꾸는 직업을 이미 이룬 롤 모델을 찾으면 목표를 찾아가는 과정에서 자신의 앞길을 한눈에 그려낼 수 있다. 롤 모델이 없으면 여러 시행착오를 거치게 되므로, 시간적, 경제적 손실이 크다.

목표가 정해진 사람은 연간, 월간, 주간, 일간, 시간 계획을 세워야 한다. 그 계획은 삶의 목표를 기준으로 정해야 한다. 자기관리가 철저한 사람은 자신의 사명을 기준으로 모든 계획과 목표를 세운다. 사명이 있는 사람은 매일 아침 즐겁고 뭔가 할 일이 있음을 행복해 한다. 아래 두 사람의 사명선언서를 참고하여 나만의 사명선언서를 작성해 보자.

마하트마 간디의 사명선언서

매일 아침 일어나자마자 다음과 같이 결심할 수 있게 해 주소서.
나는 지상의 어느 누구도 두려워하지 않을 것이다.
나는 오직 신(神)만을 두려워 할 것이다.
나는 누구에게도 악한 마음을 품지 않을 것이다.
나는 누가 뭐라고 해도 불의에 굴복하지 않을 것이다.
나는 진실로 거짓을 정복할 것이다.
그리고 거짓에 항거하기 위해 어떤 고통도 감내할 것이다.

벤자민 프랭클린의 개인 헌장 〈12가지 덕목〉

01. 절제 : 배부르도록 먹지 마라. 취하도록 마시지 마라.

02. 침묵 : 자타에 이익이 없는 말을 하지 마라. 쓸데없는 말은 하지 마라.

03. 질서 : 모든 물건은 제자리에 둬라. 일은 모두 때를 정해서 하라.

04. 결단 : 해야 할 일은 과감히 결심하라. 결심한 일은 반드시 실행하라.

05. 절약 : 자타에 이익이 없는 일에는 돈을 쓰지 마라. 낭비하지 마라.

06. 근면 : 시간을 낭비하지 마라. 유익한 일에 종사하고 무용한 행위는 끊어
       버려라.

07. 진실 : 사람을 속여 해치지 마라. 모든 언행은 공정하게 하라.

08. 정의 : 남에게 해를 주지 않으며 해로운 일을 해서도 안 된다.

09. 중용 : 극단을 피하라. 내게 죄가 있다고 생각하거든 남의 비난과 불법을
       참아라.

10. 청결 : 신체. 의복, 주택에 불결한 흔적을 남기지 마라.

11. 순결 : 건강이나 자손을 위해서만 부부생활을 하라.

12. 겸손 : 예수와 소크라테스에게서 배워라.

작성한 사명선언서를 주변 사람과 공유하는 것도 좋다. 개인 홈페이지 · 블로그 등에 올리거나 이메일에 정리해서 발송할 경우, 자신이 추구하는 인생의 가치와 철학을 사람들이 이해하게 될 것이다. 또한 추구하는 인생의 목표와 가치가 일치할 경우, 서로 지지와 응원을 보내줄 수도 있을 것이다.

07

사람에 대한 탐구는
글쓰기와 대인관계의 첫걸음이다

● 　　　　　지구상에서 홀로 살아갈 수 있는 사람
은 없다. 인간(人間)이라는 한자 단어에 담긴 의미가 '사람과 사람
사이'를 말하고 있듯이 모든 사람은 다른 사람과 관계 안에서 존
재한다. 행복한 삶을 위해 가장 중요한 조건은 원만한 인간관계
를 갖는 일이다.

그러므로 누구를 만나 어떤 관계를 형성하는가가 삶의 질과
방향을 결정하고 바꾸어 놓는다. 인간관계를 '경영'하는 것(관리
대신에 경영이란 단어를 쓰겠다)이 중요한 이유는 바로 여기에 있다.
한 사람의 인생에 결정적인 변화와 성장이 '만남' 속에서 이루어
지고 결정되기 때문이다. 따라서 우리는 이렇게 중요한 인간관계
와 그 관계의 대상인 '사람'에 대해서 깊이 있게 들여다보며 보다
많은 공부를 해야 한다.

보통 사람들은 상대의 취향과 가치관이 자신과 다르면 서로
이해하기 어렵다고 생각해서 멀리 한다. 그러나 서로 다른 개인

차를 인정하는 것만으로도 인간관계에서 비롯되는 갈등이나 불협화음을 한결 줄일 수가 있다.

다른 사람과 갈등을 줄이고 인간관계를 원만히 하기 위해 제일 먼저 해야 할 것은 '모든 사람은 나와 다르다.'는 사실을 인정하는 것이다. 원래 이기적인 속성을 지닌 인간은 저마다 자기 의견이 옳다고 생각하는 경향이 있다. 그래서 자신과 다른 주장을 하는 사람을 대할 때 무심코 팔짱을 끼거나 턱을 고인다거나 귀담아 듣지 않으려 한다. 이런 행동은 상대방을 경계하는 방어적인 태도로 느껴지므로 다른 사람이 접근하기 힘들게 한다. 이런 방어벽을 없애는 가장 좋은 방법은 상대의 있는 모습 그대로를 수용하는 자세다. 나와 견해가 다를 뿐, 상대가 틀린 것은 아니다. 자신과 생각이 다르다고 해서 상대가 틀린 것이라는 개념을 머릿속에서 지워내지 않는 한, 좋은 글을 쓸 수 없고, 좋은 사람을 얻을 수 없다.

작가나 저널리스트의 주요 업무도 실상은 사람과의 만남에서 시작된다. 그 안에 중요한 업무가 개입되어 있으나, 결국 일을 풀어가는 주체는 사람이다. 그런데도 사람들은 자신이 만날 상대에 대해 깊은 연구나 철저한 준비를 하지 않고 무심히 지나치는 경향이 있다. 물론 절친한 친구를 만날 때에는 준비 없이 나간다 해도 전혀 문제되지 않는다. 그러나 중요한 인터뷰나 나에게 필요한 정보를 제공해줄 사람과의 미팅일 경우에는 반드시 사전 준비를 해야 할 것이다. 만남의 성격도 모른 채 준비 없이 나갔다는 대화에서 소외될 수도 있고, 더욱이 사업상의 만남인 경우에는 상대방에게 고스란히 주도권을 넘겨준 채 손해와 부정적인 이미지만 남기고 돌아올 수 있기 때문이다.

상대에 대해 많이 알수록 당황하지 않고 원활한 대화를 이어갈 수 있다. 비즈니스나 협상을 목적으로 만나는 자리라면 더욱 그러할 것이다. 자신을 어떻게 소개하고 어떤 질문을 할 것인지, 질문할 때 유의해야 할 점은 무엇인지, 대화를 통해 얻을 수 있는 목표는 무엇으로 정할 것인지 등. 펼쳐질 상황을 머릿속으로 그려보면서 질문 설계와 사전 대비를 하는 것이 좋다.

네트워크는 본질적으로 사회 네트워크(social network)다. 사람들 간의 관계를 이해하지 못하면 첨단기술 네트워크도 무용지물이다. 우리가 정보통신 네트워크를 이해하기 위해 많은 시간을 투자하여 지식을 습득하듯이, 인간관계를 잘 맺기 위해서는 사람을 둘러싼 체계적인 공부를 해야 한다는 게 나의 논지다. 흔히 사람들은 인간관계를 맺는 일에 무슨 지식이 필요하겠느냐는 생각을 한다. 그래서 컴맹이나 넷맹은 부끄러워 하지만, 인맹(人盲)은 부끄러워하지 않는다.

누구나 폭넓은 인간관계가 중요하다는 생각을 한다. 그러니 사람들 간의 관계(human network)에 보다 더 관심을 집중하고 볼 일이다. 상대와의 관계를 소중히 여기는, 배려와 관심이 깃든 만남은 상대로 하여금 자신을 깊이 신뢰하게 만들어줄 것이다.

08

글쓰기는 치료제다
―나의 짧은 자서전

● 　　　　　　대학을 졸업하고 사회생활을 시작한 시점부터 오늘에 이르기까지, 내 이름 뒤에 따라붙는 꼬리표가 몇 개 있었다. 기자, 자유기고가, 작가, 북 코치(Book-coach), 글쓰기 강사 등. 그런데 이 가운데서 지금의 내가 가장 애정을 갖는 퍼스널 브랜드를 하나 꼽으라면, 나는 망설이지 않고 '작가'에 방점을 찍고 싶다.

물론 오랜 세월 글쓰기를 빌어 밥을 구해 왔음에도 아직까지 내 이름으로 펴낸 변변한 책 하나 없다는 부끄러움이 있다. 그런 처지에 자칭 타칭 작가라 불려지는 것에 얼굴이 안 설 때가 많은 것도 사실이다. 그럼에도 내 이름 뒤에 당당하게 작가를 붙일 수 있게 된 데에는 요 근자에 들어와서 나만의 직업을 둘러싸고 내 안에 새로운 인식이 '강림'했기 때문이다.

글쓰기로 사회생활의 첫 발을 내딛은 이후 이걸로 밥벌이를 해온 지도 어느덧 28년이 지났다. 따지고 보면, 내가 최초로 글쓰기를 시작한 것은 초등학교 3학년 때 담임선생님이 숙제로 내주셨던 일기를 쓰면서부터다. 그렇게 하루도 빠짐없이 쓰기 시작한 나의 일기습관은 고등학교 3학년 때까지 이어졌다. 그리고 대학진학 땐 크게 고민하지 않고 국문학과를 선택했으며, 재학시절엔 학보사 기자생활을 했다.

대학을 졸업 한 후 첫 직장 역시 잡지사 기자생활로 시작했다. 그리고 나는 계속해서 글을 쓰는 직업을 이어갔다. 물론 내가 쓰는 글의 장르는 소설이나 수필 희곡 등과 같은 순수창작이 아닌, 실용글 또는 상업적인 글이다.

특히 최근 십 수 년 동안 나는 주로 다른 이들의 책을 줄기차게 써왔다. 프리랜스작가였던 나는 클라이언트(기업, 기관, 개인 포함)로부터 제안 받은 각양의 문서와 책들을 대신 써주고 원고료를 받아 생활해온, 소위 정보작가 또는 유령작가로 살아왔다. 그러니 나에게 있어서 글쓰기란 문학청년이 품음직한 에로스이기보다는, 어쩔 수 없이 받아들여야 하는 '노동'이었다. 그러다 보니(이건 숫제 궁색한 변명이며 합리화다) 정작 내가 쓰고 싶은 책에 대한 그림은 언제나 머릿속에만 있었을 뿐, 남의 원고를 써줘야 하는 압박에 눌려 정작 쓰고 싶었던 글을 쓰는 일은 늘 뒷전으로 밀어 둘 수밖에 없었다.

커튼 내린 방안에서 청탁받은 글을 열심히 쓰고 있는 동안, 내 또래의 기성 작가나 지인이 베스트셀러가 된 뉴스를 접하면 나는 잠시 우울해졌다. 그러다가 마흔이나 쉰을 넘겨 뒤늦게 작가가 된 사람들의 소식을 접하면 금세 위로가 되었다. '그렇지. 짧은 인생경험으로 웬 책을. 타고난 문재(文才)가 아닌 이상 최소한 불혹은 넘겨야 해.' 그러한 자기 연민(?)과 위안 속에 어느덧 마흔을 넘겼다.

하지만 지극히 최근에 와서야 나는 '만년 글쟁이'로 살아갈 수 있는 나의 직업에 대해 그런대로 의미와 감사를 부여할 수 있게 됐다. 비록 내 손을 거쳐 탄생되는 활자가 상업 글이든 잡문이든 간에, 그것은 나의 현실이자 숭고한 업(業)이었음을 쉰의 문턱에 다다라서야 비로소 알았다.

자신을 맑게 하고 타인을 수용하는 성찰여행

무언가를 쓴다는 것은 내 안의 표현 욕구를 충족시키는 일이다. 또한 거울을 들여다보듯 자신을 제 3자의 시선으로 객관화시켜서 볼 수 있는 일정한 거리를 갖다 주기도 한다. 그러나 글쓰기 작업이 주는 가장 큰 유익은 따로 있다. 그 전엔 미처 깨닫지 못했거나 명료하지 않았던 것들이 글쓰기를 위한 공부와 사유를 통해 보다 확연해지면서 그로 인해 마음이 시원해지는 희열의 경험을 하게 된다는 것이다.

지자체와 공공기관 등에서 운영하는 '자서전 쓰기' 강좌에 들어와 꾸준히 강의를 듣고 자기 이야기를 써서 마침내 자기 이름이 적힌 자서전을 펴낸 사람들이 이구동성으로 하는 말이 있다. 처음엔 자녀와 가족들에게 남겨주고 싶어서 자서전을 쓰기 시작했지만, 지난 생애를 굽이굽이 돌아보며 글을 쓰는 동안 상처로 얼룩진 자기 마음이 한결 펴지고 가벼워졌다고. 뿐만 아니라, 이해도 용납도 되지 않았던 부모형제를 이해하게 되고 용서할 수 있게 됐으며, 도대체 '어디로 튈 지 알 수 없는' 외계인 정도로 보아온 자기 자녀를 새롭게 바라보며 비로소 있는 그대로를 사랑할 수 있게 됐다고.

결국 글을 쓴다는 것은 스스로를 어루만지는 치료행위이거나 자기를 정화하는 일종의 예식이다. 또한 어떤 사안이나 현상에 대하여 그간의 경험과 배움(깨달음)을 동원해 자기만의 견해를 세우는 작업이다. 그럴 수밖에 없는 것이 글을 쓴다는 것은 결국 자기 스스로에게 계속해서 질문을 던지는, 자기성찰여행과 같기 때문이다.

"내가 이 세상에 존재하는 이유는 무엇인가?"

"나는 누구인가?"

"나는 어디로부터 와서 어디로 가고 있는가?"

"무릇 인간은 어떻게 살아야 하는가?"

"과연 나는 제대로 살고 있는가?"

"내가 진정으로 살고 싶은 삶은 어떤 것인가?"

마흔 살이 되기 직전 집단수련프로그램에 들어갔을 때, 인도자로부터 갑작스런 질문을 받고 머릿속이 하얘졌던 기억이 있다. '너는 누구냐?' 그동안 한 번도 맞장 떠본 적이 없는 이 물음 앞에 나는 머리만 터지게 아팠을 뿐, 끝내 적절한 답변을 내놓지 못했다. 이 질문은 '너는 왜 사니?', '너는 무엇을 하는 사람이니?' 라는 물음과 쌍벽을 이루면서 내 존재의 기반을 뒤흔들어 놓았다. 물론 '나는 누구인가?'라는 물음에 대해서는 여전히 명쾌한 답을 내리지 못한 채 살아가고 있다. 짐작하기는, 앞으로 살아가는 동안에도 이 질문은 거울처럼 나 자신을 비춰주는 고마운 장치가 되어줄 것 같다. 내가 왜 사는지를 자기 자신에게 진지하게 물을 때, 나의 인생에 변화가 시작되므로.

글을 쓴다는 것은 죽을 때까지 '삶을 연인으로 두는' 일과 같다. 연인. 이 얼마나 로맨틱하며 가슴 뛰는 표현인가? 여명이 밝아오는 이른 새벽까지 홀로 깨어 글을 써본 사람은 안다. 떨리는 자신과의 로맨스를. 자기만의 시간 속을 거닐며 느끼는 그 황홀함과 위로와 카타르시스에 가까운 기분을.

하여, 오늘을 사는 게 시시하거나 지리멸렬하게 느껴지는 사람은 당장 글쓰기를 시작해보라고 권하고 싶다. 주제는 거창하지 않아도 된다. 내가 사는 세상살이, 주변의 소소한 일상, 자연현상을 바라보는 나의 시각과 느낌 등을 있는 그대로 생각의 그릇에 담으면 그것으로 충분하다.

5장 글쓰기의 연습과 기초단련

글쓰기의 연습과 기초단련

5장

글의 구성과 실제

글쓰기란 자신의 생각이나 감정, 경험 따위를 문장으로 표현하는 행위이다. 글쓰기는 '누구에게 쓸 것인가, 무엇을 쓸 것인가, 어떻게 쓸 것인가'에서 출발한다. 그리고 수많은 과정을 거쳐 한 편의 글이 완성된다.

내용을 선정하고 얼개를 짜고 표현하는 과정에서도 고도의 인지를 필요로 하는 복잡한 사고 행위가 글쓰기이기도 하지만, 사실 글쓰기의 목적과 얼개가 짜여지고 나면 그에 맞게 표현해 가는 일만 남게 된다.

흔히 글쓰기는 이론상으로 자신이 쓰고자 하는 주제 정하기, 글감의 탐색과 내용 선정, 얼개 짜기, 표현하기, 고치기 등의 복잡한 단계별 과정을 거치지만, 실제 글을 쓸 때는 이 모든 단계가 통합적으로 이루어진다.

글을 쓸 때 '독자가 누구인가'와 '왜 이 글을 쓰는가'에 해당하는 독자 설정과 글의 목적을 분명히 해두면 쉬워진다. 그런 다음 브레인스토밍이나 생각그물 등을 활용하면 머릿속에 있는 생각을 정리하는데 효과적이다. 또한 써야할 내용을 간단히 적어보거나 개요를 작성한 후 쓴다면 자신의 글이 삼천포로 빠지는 일을 막을 수 있을 것이다. 이렇게 글의 전개 상황을 간략히 정리하는 일을 개요 작성이라 하는데, 개요 작성하기는 글의 흐트러짐을 막아주고 실제 글을 쓸 때의 어려움을 상당 부분 덜어준다.

글쓰기 역시 결과보다는 과정이 중요하다. 이러한 과정을 통해 완성한 글은 다른 사람에게 보여주는 것이 좋다. 독자의 반응을 통해 좀 더 객관적이고 보다 완성도 높은 나의 글을 만날 수 있기 때문이다.

글의 구성과 문장 표현

글의 주제 : 작품의 중심이 되는 내용으로 글 속에 나타난 작가의 생각이나 사상을 말한다. 시의 경우는 시인이 표현하는 이미지 속에 내용이 감춰진다. 이는 비유에 의해 이미지와 노래가 겉으로 드러나고 주제는 안으로 숨어드는 것인데, 이렇게 의미가 이미지 속에 감춰지는 것을 보통 함축이나 상징이라 한다.

이러한 특성으로 인하여 시의 주제는 겉으로 드러나지 않는 경우가 많은데, 이를 잘못 이해하여 주제보다 표현을 앞세우는 사람들이 있다. 이런 경우 시어들은 반짝이는데, 정작 시는 되지 않는다. 표현이 좀 서툴더라도 무엇을 쓸 것인지에 대한 고민이 있은 뒤에 그에 맞는 표현을 찾는 것이 순서일 것이다.

소설에서는 작가나 소설 속의 인물이 이야기를 이끌어간다. 이들을 서술자라 하는데, 서술자는 사건 속을 드나들며 이야기를 풀어간다. 여러 인물들이 나오고, 여러 사건이 일어나는 것을 바라보는 서술자의 관점과 시각에 포착되는 중심에 주제가 숨어 있다. '흥부전'을 보면 서술자가 흥부를 안타깝게 그려내고, 놀부는 밉게 그려낸다. '춘향전'의 서술자는 춘향이를 곱게 보고, 변학도를 밉게 본다. 우리는 서술자의 관점을 생각하지 않고 소설을 읽지만, 결국 서술자의 생각에 따라 흥부와 춘향이의 편이 되어 놀부와 변학도를 미워하게 된다. 그래서 이들에게 누군가가 '그 소설의 주제가 무엇이냐' 물으면 대개는 선뜻 대답하지 못한다. 그렇지만 많은 독자들은 형제간의 우애를 저버린 놈으로 놀부를 이야기하고, 정절을 지킨 춘향이를 아름답게 이야기한다. 이것이 바로 주제인데, 이처럼 소설의 주제는 인물과 사건을 전개해 가는 서술자의 관점에 따른다.

결국 시든 소설이든 자서전이든 주제가 분명해야 그에 따르는 내용이 흐트러지지 않는다. 아름답고 멋진 문장 표현보다 '무엇을 쓸 것인가'는 언제나 글의 중심이다.

글의 소재 : 소재는 예술 작품을 이루는 데 동원되는 모든 재료와 원료의 총칭이다, 소재는 표현 대상과 표현 수단의 의미를 함께 가지며, 주제를 드러내는 이야깃거리다. 주제를 드러내는 소

재가 적으면 내용이 빈약해진다. 소재는 많이 찾을수록 글을 풍요롭게 한다. 다만 글을 쓸 때 소재들을 지나치게 활용하는 것은 좋지 않다. 내용이 풍성하다 못해 지루해지거나 산만해져서 정작 말하고자 하는 주제가 흐트러질 수 있다. 그러므로 글을 쓸 때에는 꼭 필요한 소재만을 선택해서 주제를 잘 드러내도록 해야 한다. 이를 소재 선정이라 하는데, 여러 개의 소재가 있을 때는 주제를 잘 드러낼 수 있을 만큼만 선택하고 상대적으로 주제를 드러내기에 부족한 것은 버리는 것이 좋다. 그렇지 않으면 잡화점처럼 글이 어수선해질 것이다.

글의 구성 : 글의 주제와 소재가 결정된 후에 효과적 전달 방법이 필요하다. 이때 필요한 것이 글의 구성이다. 구성의 기본 의미는 주제를 효과적으로 전달하는데 있다. 따라서 글을 쓰기 전에 주제와 글감과의 관계를 정확히 파악하고, 글의 구성을 고민해야 한다. 글쓰기가 본업인 작가들은 종종 개요 작성을 하지 않고도 좋은 글을 척척 써내는 듯 보인다. 그렇지만 이런 경우는 사소하거나 짧은 글을 쓸 때에 국한된다. 글쓰기가 능숙한 작가들은 머릿속에 구성을 마쳐놓고 글을 쓰는 경우가 있는데, 이를 초보자들이 오해하면 곤란하다. 개요 짜기는 번거롭지만, 자신이 쓸 내용을 순서대로 정리해둠으로써 글이 흐트러지지 않도록 도와준다. 물론 글쓰기도 쉬워진다.

글의 첫 문장과 끝 문장 처리 : 대체로 글은 첫머리가 중요하다. 첫 문장이 길게 늘어지면 독자들이 흥미를 잃어버린다. 짧은 수필이나 자서전 등을 쓸 때는 특히 그러하다. 글을 쓸 때에 첫 문장에 공을 들이는 까닭도 여기에 있다. 되도록 초점은 분명하게, 문장은 간결하게, 독자들의 시선을 사로잡을 만한 문장을 만들기 위해 애쓸 필요가 있다. 글의 마지막 문장 또한 가급적 이렇게 신경을 쓰는 것이 좋다.

글 쓰는 태도 : 독자의 신뢰를 얻기 위해서는 소재에 대한 자신감과 함께 '솔직함'이 가장 중요하다. 아름다운 문장을 쓰기보다는 정확한 문장을 쓰는 습관을 길러야 한다. 특히 현학적인 문장은 피해야 한다. 얼핏 자신의 인품이나 교양을 높이는 것이 되는 듯싶지만, 독자들 위에 나를 추켜세우는 문장은 누구도 좋아하지 않는다.

좋은 글을 쓰기 위한 기본 요소
- 현상과 세계를 깊이 있게 분석해낼 수 있는 지적 능력
- 생각과 사고를 문자로 표현할 수 있는 문장력
- 위의 지식을 구조화하여 적절히 풀어낼 수 있는 구상력

바람직하지 않은 문장의 예
- 주어와 서술어가 맞지 않는다.
- 지나치게 많은 서술어를 사용한다.
- 한 문장 속에 부사를 두 개 이상 사용한다.

- 접속부사를 많이 사용한다.
- 한 문장 안에서 같은 단어를 두 번 이상 쓴다.
- 둘 이상을 열거할 때 앞뒤 말의 관계가 맞지 않는다.

글 쓸 때 사용되는 문장 부호

- 온점, 고리점(. 。) : 문장이 종결 어미로 끝남을 보일 때, 숫자의 정수(整數) 단위를 표시할 때 쓰인다.
- 물음표(?) : 직접 의문이나 반어 및 수사의문(修辭疑問)을 나타낼 때.
- 느낌표(!) : 강한 느낌을 나타내거나 명령·권유의 느낌을 강조할 때.
- 가운뎃점(·) : 몇 개의 단어를 나열할 때, 또는 두 숫자로 된 말 사이에 쓰인다.
- 쌍점(:) : 서술한 말에 내포되는 사항을 다시 자세히 설명하거나 예로 들 때
- 빗금(/) : 대응·대립되거나 대등한 것을 나타낼 때, 분수 등을 나타낼 때
- 큰 따옴표, 겹낫표(" ",『』) : 직접 대화를 보이고자 할 때, 남의 말을 직접 인용할 때
- 작은따옴표, 낫표(' ',「」) : 특별히 강조하려는 말, 책이름·제목 등을 두드러지게 나타내고자 할 때

- 소괄호(( )) : 원어·연대·주석 등을 넣을 때, 기호나 기호의 구실을 하는 문자, 단어, 구에 쓰인다.
- 중괄호({ }) : 여러 단위를 동등하게 묶을 때
- 대괄호([ ]) : '꺾쇠묶음'이라 하며 수학에서 주로 쓰인다.
- 줄임표(……) : 할 말을 줄이거나, 대화체에서 말이 없음을 나타낼 때
- 줄표(−) : 여러 개를 나열하여 하나로 통일시킬 때
- 붙임표(⌒)
- 물결표(～)
- 숨김표(xx, oo)
- 빠짐표(□)

02

장르별
글쓰기

●

글쓰기와 독서

우리는 삶 속에서 항상 글의 소재들을 안고 살아간다. 가정에서, 일터에서, 자연 속에서, 또는 사람들과의 관계에서 새롭게 알게 된 것, 체험한 것, 느낀 것 등 자기 삶의 경험으로부터 다양한 글감을 이끌어낼 수 있다.

글을 잘 쓰기 위해서는 자기만의 시각으로 세상을 들여다볼 줄 아는 안목이 있어야 한다. 인간사나 주변의 풍경, 다양한 현상들을 자기 나름대로 관찰하는 시선의 독자성이 있어야 한다는 뜻이다. 그런 다음 그것을 과학적으로 이해하는 인식의 틀이 필요하다. 현실을 과학적으로 이해하는 능력은 글쓰기에서 매우 중요한 요소다.

그렇다면 세상이나 인간사를 자기만의 안목으로 관찰할 줄 아는 시선의 독자성, 그것을 과학적으로 이해하는 인식의 틀 등은 어디에서 오는 것이며, 어떻게 해야 길러지는 것일까? 그것은 한마디로 책을 통해서 얻을 수 있다. 따라서 글쓰기 능력을 기르는 데 있어 독서는 필수불가결한 요소다.

글쓰기를 위한 방법은 어휘와 독서로 요약된다. 또한 글쓰기는 쓰기, 읽기, 생각하기의 결합이다. 오랜 기간 읽고, 쓰고, 보여주고, 얘기하는 과정을 반복하는 훈련의 산물이 글쓰기다. 글쓰기도 인간사와 마찬가지로 시작부터 결말까지 일정한 흐름이 있다. 건물을 지을 때 설계도를 완성하고 재료를 구입해 건축기사를 모은 후에 기초 공사를 시작하는 것처럼, 글쓰기에서도 이와 비슷한 절차가 필요하다.

장르별 글쓰기의 요체

글에는 쓰기 형식에 따라 다양한 장르가 있다. 세세하게 구분하자면 수백 가지에 이를 수도 있다. 또한 그 글의 장르마다 특징이 있고, 그에 따른 글쓰기 방법도 각자 다르다. 다만 처음부터 글쓰기 '기술'을 터득하려 하기보다는, 자기가 좋아하는 장르의 글쓰기를 목적과 상황에 따라 자유롭게 시도해보는 것이 우선되어야 한다. 아래에는 글의 몇 가지 장르에 대해 간단히 짚어둔다.

1) **일기문의 정의** : 일기는 하루의 생활에서 보고 듣고 겪은 일과 거기서 느끼고 생각한 내용을 기록한 글이다. 넓게 보면 수필의 범주에 포함되며, 좁게는 생활문의 범주에 들어가는 글이다. 흔히 일기는 날마다 쓰는 글이라 생각하는데, 사실 일기는 날마다 쓰는 글이라기보다 어느 한 날에 있었던 일이나 생각을 기록하는 글이다. 따라서 날마다 써야 한다는 부담을 갖지 않아도 된다.

그리고 꼭 완성된 글이 아니어도 상관없다. 이런 부담에서 벗어나면 일기는 유익하고도 재미있는 글이 된다. 집안에 노트를 하나 장만해두고, 기억나는 것을 기록해 보자. 속상하거나 기쁜 일들을 적어보자. 그리고 어느 순간 떠오른 생각들을 써보자. 그러는 동안 글쓰기 실력이 크게 늘어난다. 쓰고 싶은 모든 것을 쓸 수 있는 날이 머잖아 온다.

2) **일기문 쓰기의 요령**

• 매일 반복되는 일을 쓰지 말고, 인상에 남는 일을 쓴다. 피곤하고 바쁠 때에는 아주 짧게 써도 좋다. 물론 못 쓸 경우도 있다. 기억할 만한 내용이라면 다음날 기록해도 좋다.

• 일기를 쓰는 목적을 설정해 두면 더 좋다. 수필을 쓰고자 하는 이라면 수필의 형식을 생각하며 일기를 쓸 수 있다.

훗날 멋진 수필집을 만들 수 있을 것이다. 농사일을 하며 농부일기를 쓰는 것도 좋겠다. 농사짓는 일에 큰 도움을 줄 것이다. 책을 읽거나 공부하거나 새로운 배움을 적어보는 것도 좋겠다. 글쓰기 향상은 물론 지혜와 인격의 함양이 될 것이다.

- 일기는 솔직하게 쓰는 것이다. 아프면 아픈 대로, 슬프면 슬픈 대로 자신의 솔직한 생활을 그려가자. 그렇게 쓰는 가운데 내 아픔은 정화되고, 슬픔은 녹아내린다.

- 일기는 남에게 보여주려고 쓰는 글이 아니다. 아무 거리낌 없이 자신의 삶을 기록해 가자. 그러다보면 어느 날 문득 내 가슴이, 내 삶이 넉넉해진 것을 발견하게 된다.

- 일기는 그날 있었던 일을 바탕으로 자신의 생각을 펼쳐가는 것이 좋다. 일기라 해서 그날 일만을 쓸 필요는 없다. 예전에 있었던 일과 연관 지어 오늘 일을 풀어가다 보면, 글은 넓어지고 생각은 깊어진다.

3) 목적 일기문의 종류

- 독서일기 : 책을 읽고 책의 내용이나 감상을 쓰는 일기. 지혜와 인품을 길러주고 삶의 여유를 불러온다.

- 학습일기 : 공부한 내용을 정리해가는 일기. 지혜와 지식을 쌓을 수 있다.

- 관찰일기 : 자연이나 사람, 대상을 깊이 살펴본 내용을 쓴 일기. 뛰어난 예술가나 과학자들에게서 발견되는, 남들보다 뛰어난 심미안을 갖게 한다.

- 생활일기 : 매일의 일을 기록하는 일기. 자신의 생활을 성찰하는 가운데 보다 나은 내일과 발전된 자기모습을 기약할 수 있다.

- 기행일기 : 여행하면서 보고 듣고, 생각한 것을 적는 일기. 삶의 폭을 넓혀주며, 수필가가 될 능력과 토대를 만들어준다.

- 기타(육아, 학급, 가사일기 등)

2. 생활문

1) **생활문의 정의** : 일상생활 속에서 보고, 듣고, 느끼거나 생각한 일을 글감으로 하여 쓴 글이다. 일기와 비슷하다. 일기가 주로 그날의 기록이라면, 생활문은 과거에서 현재까지

시간적인 구애를 받지 않는 글이다.

2) 생활문의 특성

① 생활문의 글감 : 생활 속에서 경험하거나 생각나는 모든 것이 글의 재료가 된다. 생활문의 글감은 참으로 풍성하다. 가까이는 집안에서 일어난 일들이 그것이고, 길에서 본 가로수며 시장에서 만난 사람들, 공원의 모습, 시내를 거닐며 경험한 것들이 그것이다. 날씨와 계절, 산과 강, 바다와 호수, 곤충과 나무 이야기, 보이는 모든 자연들이 생활문의 글감이 된다.

② 생활문의 주제와 제목 정하기 : 생활 속에서 느낀 점 가운데 가장 말하고 싶은 사건에 대해 구체적인 자신만의 생각과 느낌을 나타낸다. 하고 싶은 이야기가 잘 드러나도록.

③ 생활문의 구조 : 형식이 정해지지 않은 글이다. 간단하게 개요를 짜고 자유롭게 자신의 경험과 생각을 풀어내면 된다.

3) 생활문의 구성과 문단 나누기

① 구성 : 대체로 일이 일어난 시간적 순서나 장소의 변화에 따라 쓰면 자연스럽고 쉽다. 이러한 구성법을 순차적 구성법, 또는 자연적 구성법이라 한다. 좀 더 복잡한 구

성을 선택해도 좋지만, 대개의 생활문은 자연스런 구성
법을 쓴다.

② 문단 나누기 : 문단을 나누어 쓰면 쓰기가 편리하고, 글
의 주제가 잘 드러난다. 이런 까닭에 문단 나누는 방법
을 알면 쉽게 글 솜씨를 기를 수 있다. 문단은 하나의 내
용을 담는 글의 단위이기 때문에, 내용이 달라질 때 나
누는 것이 원칙이다. 이렇게 말하면 복잡하므로 가장 무
난한 방법을 소개해 본다.

- 시간이 바뀌면 문단을 나눈다.
- 장소나 배경이 달라지면 문단을 나눈다.
- 새로운 사람이 등장하면 문단을 나눈다.
- 곁에 있던 사람이 퇴장하면(사라지면) 문단을 나눈다.

3. 기행문

1) **기행문의 정의** : 여행을 하면서 보고 듣고, 느낀 점을 여행
일정에 따라 차례대로 쓴 글. 여행을 하고 글을 쓰는 사람이
보고 듣고 경험한 객관적 정보와 자신의 감상이 주조를 이
룬다. 쓰는 이에게는 경험과 감상의 기록이며, 읽는 이에게
는 낯선 곳에 대한 정보를 제공하는 글이다.

2) **기행문의 구성** : 기행문은 형식적 제약 없이 자유롭게 쓰는 글로 수필의 범주에 들어간다. 그렇지만 기행문은 다른 수필과 달리 어느 정도 통일된 구성을 갖는다. 그것은 여행의 성격과 맞닿아 있는 것으로, '여행하기 전-여행 도중-여행을 마치고'의 형식이다.

기행문의 처음에 해당하는 '여행하기 전'에는 여행을 하게 된 까닭과 여행지에 대한 사전 준비에 대한 것, 여행에 대한 기대감 따위가 주조를 이룬다. 기행문의 중간부에서는 여행하는 과정에 대한 내용이다. 어디를 갔고, 무엇을 보았으며, 어떤 생각을 했는지 시간 순서대로 이어간다. 끝부분에서는 여행을 통해 얻은 지식이나, 여행을 하면서 느낀 점들을 내용으로 한다. 물론 다 그렇지는 않지만 대개는 그렇다.

3) **기행문의 3요소**
① 여정 : 여행기간 중에 들른 장소와 오가는 과정
② 견문 : 여행하는 가운데 보고 듣고 경험한 사실
③ 감상 : 여행 중의 생각, 여행 뒤의 느낌

4. 편지글

1) **편지글의 정의** : 상대방에게 하고 싶은 말을 글로 써서 전하

는 문학 형식. 대부분의 문학작품은 불특정 독자를 대상으로 한 창작인 반면, 편지는 수신인과 발신인이 정해져 있다. 편지는 수신인의 입장에 따라 적절한 예법을 사용한다.

2) **편지글의 종류** : 안부편지, 사과편지, 소개편지, 주문편지, 초대편지, 위문편지, 감사편지, 연애편지, 축하편지, 위로편지, 문의편지 등

3) **편지글의 특징과 형식**
  ① 특징
  - 받을 사람이 정해져 있다.
  - 일정한 형식을 가지고 있다.
  - 글을 쓰는 목적이 분명하다.
  - 수신인에 따라 알맞은 어투와 예절이 요구된다.

  ② 편지글의 형식 : 부르는 말 – 첫인사 – 주요 메시지 – 끝인사 – 쓴 날짜 – 쓴 사람

  ③ 편지글 쓰는 법
  - 솔직하게 전하고 싶은 말을 생각한다.
  - 첫인사는 날씨나 안부, 상대방의 건강 등에 대해 묻는 것이 좋다.
  - 마주앉아 이야기하듯 정답게 쓰는 것이 중요하다.

- 봉투에는 받는 사람의 주소를 적는다.

④ 편지가 수필이 되려면

편지글은 넓은 범주로 볼 때 수필의 영역에 속하지만, 모든 편지글이 수필이 되는 것은 아니다. 괴테의 〈젊은 베르테르의 슬픔〉에 나오는 수많은 편지글의 경우를 보면, 형식의 제약을 거의 받지 않는다. 물론 받는 이가 있고, 날짜와 서명이 있고, 예절을 지켜야 하는 따위의 형식들이 무시된 것은 아니다. 다만, 형식에 맞춰 쓰려 하다 보면 쓰기도 어렵거니와 내용도 자유롭게 펼치기 어렵다. 가깝고 친근한 사이의 경우, 굳이 형식에 매일 필요는 없다. 자신의 생각을 생활문을 쓰는 것처럼, 때로는 자신의 독백을 들려주는 형식으로 써도 좋다. 편지글이 수필이 되는 경우는 형식을 자유롭게 넘나드는 유연함, 자신의 색깔을 잘 드러내는 짜임과 그것을 드러내는 문장의 향기에 있는 것이다.

5. 독서감상문

1) **독서감상문의 정의** : 책을 읽고 난 후에 자신의 생각과 느낌을 쓴 글. 주로 책 속에서 알게 된 여러 가지 지식과 생각, 책을 읽으며 느낀 감동을 오래도록 간직함을 목적으로 쓴다.

2) 독서감상문의 준비

- 동화와 소설 : 책 속의 등장인물과 이야기의 흐름을 파악하고, 주제와 느낀 점을 정리한다.
- 위인전 : 전기의 주인공에 대한 업적과 인물됨, 주인공이 존경받는 이유를 파악해 둔다. 그리고 새롭게 알게 된 사실을 정리한다.
- 과학서적과 사전: 과학서적과 사전은 지식과 정보를 얻기 위해 읽는 책이다. 따라서 새롭게 얻은 지식을 중심으로 정리해 둔다.

3) 독서감상문 쓰기의 실제

① 처음 부분

- 글 전체의 내용을 소개하거나 주인공을 소개한다.
- 읽게 된 동기로 시작한다.
- 작가나 책을 소개하며 시작한다.
- 책의 내용과 관련된 자기의 이야기로 시작한다.
- 인상 깊었던 장면이나 대화를 인용하며 시작한다.

② 중간 부분

줄거리를 쓴 뒤에 자신의 느낌이나 감상을 쓰는 경우가 흔한데, 이런 방법은 썩 좋지 않다. 독서 감상문은 줄거리 쓰기가 아니다. 또한 책의 줄거리를 요약해서 써가는 일은 힘든 일이다. 시간도 많이 들거니와 글 쓰는 재미도 생기지 않는다. 책을 읽으며 들었던 생각이나 평소 자신의 경험을 연결 지어 자신의 이야기로 써가야 한다. 글 속에서 얻은 지식을 활용할 수 있겠지만, 글 전체의 내용에 얽매이지 않고 재미 있게 풀어간 자신의 이야기야말로 좋은 독서감상문이다.

③ 마무리

중간부분에서 펼쳐놓은 이야기를 요약하며, 자신의 생각 을 정리하는 부분이다. 글쓰기에 익지 않은 사람들은 끝부 분에서 대개 책을 읽고 얻은 교훈으로 마무리를 하는데, 꼭 그럴 필요는 없다. 일기를 마무리하듯, 느낀 대로 생각한 대 로 중간 부분의 내용에 맞춰 정돈을 하면 된다. 틀에 나를 가두면 생각이 자유롭게 나타나지 않는다. 가장 편하게 자 기 방식으로 끝맺는 게 좋다.

6. 동화

1) 동화의 정의

신화, 전설, 우화, 민담의 형태나 내용을 아동들에게 알맞게 제작 또는 재구성한, 서사 문학의 한 장르다, 현대적인 감각 이나 기법으로 재현한 전래동화와 작가의 창작에 의해 지어진 창작동화가 이에 속한다.

2) 동화의 특성

① 일반적 특성 : 동화는 비현실적인 상상의 세계를 담고 있으며 어린이들을 위한 문학이라는 점에서 아동들에게 꿈과 희망을 줄 수 있는 정서적, 교육적 가치를 추구하는 특성을 갖는다. 또한 동화는 아동들이 쉽게 이해할 수 있도록 문장도 간결하고 단순한 구조로 이루어진다. 주제 면에서는 대개 권선징악의 인간 세상을 다루거나 아이들의 순수한 세계를 그려낸다.

② 동화 구성의 3요소
- 인물 : 동화에서는 인간만이 아니라 동물, 식물들도 주인공이 될 수 있다.
- 사건 : 등장인물이나 벌어진 일에 따라 비현실적으로 전개되기도 한다.
- 배경 : 환상의 세계를 포함하고 시간과 공간을 초월한다.

③ 동화의 짜임
- 발단 → 전개 → 위기 → 절정 → 결말

3) 동화 쓰기의 실제

- 글감 찾기 및 동기 유발 : 상상을 바탕으로 소재와 에피소드를 모으고 모티브를 찾는 데서 시작한다.

- 구상 및 동화 쓰기 : 먼저 동화의 구성 요소인 인물과 배경을 설정하고 사건을 전개시켜야 한다. 글의 구성은 이야기 구조(사건의 준비, 사건의 전개, 새로운 사건의 도입, 사건의 극적 전개, 사건의 종결)에 맞게 사건의 전개 과정을 엮어내면 된다.

4) 동화를 쓸 때 유의할 점(동화작가 조성자 님의 글 인용)

① 시작할 때 '옛날에', '어느 마을에'와 같은 진부한 말투를 쓰지 않도록 한다.

② 설명하는 말투보다는 이야기체로 쓴다.

③ 등장인물의 성격도 설명하기보다는 이야기 속에서 성격이 나타나도록 한다.

④ 문장은 간결하게 쓴다.

⑤ 결말 부분의 교훈은 자연스럽게 드러나도록 해야 한다.

7. 설명문

1) 정의

어떤 사실이나 사물 등에 대하여 알기 쉽게 풀이해 놓은 글. 정보전달을 목적으로 하는 글이므로 이해하기 쉽게 써야 한다. 쉬운 말로 풀이하되 글쓴이의 주관적인 생각을 넣지 않는 게 원칙이다. 설명문을 쓰면 사물을 객관적으로 바라보는 연습이 되고 풍부한 지식을 정리해낼 수 있다.

2) 설명문의 특성

① 명확성 : 설명문은 주제가 잘 드러나야 한다. 무엇을 어떻게 설명하고 있는지, 설명하는 대상과 설명 방법이 뚜렷하게 제시되어야 한다. 설명문은 보통 제목과 글의 첫머리를 통해 설명할 핵심 내용을 제시한다. 그럼으로써 독자들은 글을 읽기 전에 이미 뒤에 전개될 내용을 알 수 있게 된다.

② 정확성 : 설명되는 정보는 정확한 것이라야 한다. 설명문은 독자들이 모르는 사실이나 지식을 전달하는 글이기 때문에, 그릇되거나 확실하지 않은 정보는 피해야 한다.

③ 객관성 : 설명문에는 주관적인 생각이 끼어들면 안된다. 대상을 설명해 가는 도중에 글쓴이의 의견을 넣게 되면, 독자는 설명되는 정보가 객관적인 것인지 주관적인 것인지 사이에서 혼란을 겪게 된다. 따라서 설명문을 쓸 때에는 주관성을 철저히 배제해야 한다.

④ 평이성 : 설명문에 쓰이는 단어와 문장은 쉬워야 한다. 어려운 한자어나 외래어를 많이 사용하면 독자들은 이해하는데 어려움을 겪는다. 따라서 쉬운 어휘, 간결하고 명확한 문장을 선택해야 한다. 수식어를 많이 사용하

거나, 문장을 치장하는 것도 내용 이해를 어렵게 하므로 피해야 한다.

⑤ 체계성 : 설명문은 글의 전개 과정이 체계적이어야 한다. 이러한 까닭에 설명문을 쓸 때에는 체계적인 구성이 필요한데, 일반적으로 설명문의 짜임은 아래와 같다.

- 처음 : 무엇에 대해 설명할 것인지(설명대상)와 어떻게 설명할 것인지(설명방법)를 제시한다.
- 중간 : 설명하고자 하는 대상을 처음 부분에 제시한 설명방법을 이용하여 풀어간다. 세부적인 항목에 설명해야 할 내용이 여럿이라면 차례를 정해서 하는 것이 좋다. 차례는 보통 시간 순서에 따라, 장소의 변화에 따라, 내용의 중요도에 따라, 일이 되어가는 과정에 따라 차례를 정하는 것이 일반적이다. 복잡한 내용에는 예시를 덧붙이면 효과적다. 비교나 대조, 분석과 분류 등의 방법을 통해 설명할 수도 있다.
- 끝 : 중간에서 설명한 내용을 요약·정리하여 설명의 요체를 독자들의 쉽게 알 수 있도록 끝을 맺는다.

3) 설명문 쓰기의 실제

① 주제 정하기 : 설명할 대상을 정한다.
② 자료 탐색과 글감 선정 : 설명에 필요한 자료를 구하고, 그 가운데 꼭 필요한 것들을 뽑아낸다.

③ 개요 짜기 : '처음-중간-끝'의 내용을 순서대로 배열
한다.
④ 글쓰기 : 개요에 맞추어 글을 써내려 간다.
⑤ 퇴고하기 : 설명대상과 설명과정에 문제가 없는지, 문단
의 연결과 문장은 바른지 등을 살핀다. 그런 다음 불필
요한 부분은 삭제하고, 부족한 부분은 보완한다.

8. 전기문

1) 전기문의 정의

실제로 존재했던 인물의 일생 또는 생의 일부를 사실에 근
거하여 기록한 글.

2) 전기문의 종류

① 자서전 : 자신의 생애와 활동을 자신이 직접 적은 기록.
② 수기 : 자신의 체험을 본인이 직접 쓴 글. 자서전이 생애
전반을 기록한 글이라면, 수기는 특정한 기간에 체험한
내용을 기록한 것이다.
③ 평전 : 어느 개인의 생애를 기록하고, 글쓴이의 주관적
평가를 덧붙인 전기문. 독자들이 많이 대하는 위인전들
이 대개 여기에 속한다.
④ 열전 : 여러 사람의 생애를 순서대로 묶어 기록한 책. 사

마천의 '사기열전', 플루타르크의 '영웅전' 등이 대표적
이다.
⑤ 회고록 : 지난날을 돌아보며 자신의 생애와 생각 따위를
본인이 직접 기록한 글.

3) 전기문의 구성요소 : 인물, 사건, 배경, 비평

4) 전기문이 갖춰야 할 요소
① 인물 : 생애 기록의 대상이 되는 사람.
② 사실성 : 개인의 사실적 기록이 전기문의 핵심이다. 주
인공의 행적이나 업적 따위에 과장이나 거짓이 끼어들지
않도록 해야 한다.
③ 문학성(감동)과 역사성(교훈) : 전기문은 문학의 범주에
속하는 개인의 역사기록이다. 문학의 범주에서는 이야
기가 펼쳐지는 소설처럼 인물의 행적들이 사건으로 엮여
펼쳐지는 서사문학이 된다. 독자들이 위인전을 읽으면서
재미와 감동을 받는 까닭도 전기문의 문학적 요소 때문
이다. 이러한 까닭에 전기문을 쓸 때에는 문학적 감동을
줄 수 있도록 신경을 써야 한다. 반대로 전기문은 실제
있었던 사실만을 기록하는 개인의 역사다. 문학적인 측
면만을 강조하여 상상적 내용을 덧붙이거나 사실을 왜곡
하는 일이 없도록 해야 한다. 문학이 주는 재미와 감동,
인물의 역사에서 얻게 되는 교훈이 서로 어우러질 때 좋

은 전기문이 된다.

9. 논설문

1) 논설문의 정의

어떤 문제에 대한 자신의 의견이나 주장을 논리정연하게 전개하는 글. 자신의 정당함을 증명하거나 독자를 설득하려는 목적으로 쓴 글로, 논설문을 쓸 때에는 논제가 무엇이며 그 논제를 어떻게 전개해 나갈 것인지를 고민해야 한다.

2) 논설문의 종류

① 논증적 논설문 : 객관적 근거를 제시하여 독자의 지적 판단을 이끌어내는 논설문. 어떤 이슈에 대해 옳고 그름을 밝히거나, 새로운 사실을 증명해 냄으로써 자신의 견해가 옳다는 것을 밝혀간다. 새로운 지식 체계를 증명해 가는 과학논문, 인문학논문 따위가 이에 속한다.

② 설득적 논설문 : 자신의 의견이나 신념을 주장함으로써, 독자로 하여금 자기 견해에 따라오도록 하는 논설문. 일상에서 설명문과 함께 흔히 만나는 글이다. 연설문, 발표문 따위가 여기에 속한다.

3) 논설문의 3요소

① 명제 : 명제(命題)는 핵심 내용을 '무엇은 무엇이다'라고 하나의 문장으로 간결하게 드러내는 방식. 논설문에서의 명제는 글쓴이의 주장을 담아내는 그릇이다.

② 논거 : 주장의 신빙성을 뒷받침하는데 쓰이는 내용을 말한다. 논거가 빈약하면 학설이 증명되지 못하거나, 주장의 설득력이 떨어지게 된다. 따라서 논거는 주장을 명확히 뒷받침할 수 있어야 하며, 객관성과 타당성을 지닌 것이어야 한다.

③ 추론 : 논거를 바탕으로 주장을 끌어내는 논리적 전개 과정을 말한다. 추론의 방식은 귀납적 방식과 연역적 방식이 주로 쓰인다. 귀납적 방식은 대개의 논설문에 쓰이는 방식으로, 수많은 구체적인 사실들을 바탕으로 자신의 주장이 옳다고 결론을 내는 방식이다. 연역적 방식은 누구나 아는 보편타당한 사실이나 정보를 앞에 내세우고 나의 주장이 그에 합당하다고 밝혀가는 방식이다.

4) 논설문이 갖춰야 할 요건

① 주장하는 바가 뚜렷하고 공정해야 한다.
② 근거가 확실해야 하며, 추론이 논리 정연해야 한다.
③ 정확한 용어를 사용해야 한다.

03

감칠맛 나는
글쓰기 방법 ABC

● 　　　　　　감칠맛 나는 개성적 글의 표현도 중요
하지만, 좋은 글을 쓰기 위해서는 일반적으로 지켜야 할 규칙들
이 있다. 이 부분은 형식적인 부분이지만, 문장기술 전반을 대
상으로 하기 때문에 일부 내용적인 부분도 포함시켜 정리해 보
았다.

본문부터 쓴다

글을 쓸 때 '서두 다섯줄만 쓰면 반은 완성된 것이나 다름없다'
는 말을 한다. 그만큼 서두 쓰기가 어렵다는 뜻이다. 서두를 잘
못 잡으면 애초의 의도와는 달리 엉뚱한 방향으로 빠져버리기 쉽
다. 이를 방지하기 위해 서두부터 쓰지 말고 본문부터 쓰고 난
다음 거기에 맞는 서두를 가져오는 방법이 있다. 글을 마치는 대

목에서는 본문을 요약하되 은유나 상징을 동원하여 여운이 있는 문장으로 끝맺는 것이 좋다.

수식어를 절제한다

이 말은 필요 없는 수식어를 늘어놓거나, 같은 말을 되풀이하거나, 사족을 다는 것을 삼가라는 것이다. 처음 글을 쓰는 사람들은 표현하고자 하는 대상을 잘 나타내기 위하여 수식어를 많이 쓰는 경향을 보인다. 그러나 하나의 피수식어에 둘 이상의 수식어가 오면 오히려 묘사하고자 하는 대상의 이미지가 흐려지기 쉽다. 마치 그림을 그릴 때 세 가지 이상의 물감을 섞으면 탁해지는 것 같은 이치다. 이런 까닭에 가급적 수식어는 절제하는 습관을 길러야 한다. 사람들이 잘 사용하지 않는 현학적 표현으로 잔뜩 멋을 부리는 것도 좋지 않다.

접속어 남용을 경계한다

접속사의 남용도 주의해야 한다. '그리고, 그래서, 한편, 그러나, 하지만' 등과 같은 접속사를 덜 쓰는 것도 격(格)있는 글쓰기에 도움이 된다. 잘 쓴 글은 대체로 접속사가 거의 없다. '……그래서 물질이 사람을 불행하게 만든다.'를 '물질로 사람이 불행해진다.' 라는 식으로 바꿔 써보자. 그러면 글이 한결 매끄러워진다. 특히 문학적 글쓰기에서는 접속어를 많이 사용하지 않도록 해야 한다.

반복되는 말을 피한다

한 편의 글에서 같은 단어가 반복되는 것은 좋지 않다. 의미가 비슷한 단어들을 다양하게 골라 써야 글이 좋아진다. 특히 남의 말을 전할 때 쓰이는 '말했다, 언급했다, 밝혔다, 강조했다, 시사했다' 등의 반복도 피하는 것이 좋다.

형용사와 부사가 반복되는 것도 경계해야 한다. 형용사는 동사와 달리 객관적인 사실보다는 주관적 감정이 끼어든 단어이며, 부사는 서술어의 뜻을 정확하게 강조하는 단어다. 형용사를 잘못 쓰면 감정적인 글이 되며, 부사를 지나치게 쓰면 독자의 생각을 막아버린다.

'그는 엄청 빠르게 달린다.'보다 '그는 100미터를 12초에 달렸다.'라고 할 때 문장이 객관성을 얻게 된다. 문장을 쓸 때에는 최대한 자신의 감정을 드러내지 않는 게 좋다. 형용사는 동사로 바꿔 쓰는 연습과을 하고, 부사를 반복해서 쓰는 일 또한 피해야 한다.

'–에 대한(대하여)'도 가능하면 다른 표현으로 바꿔야 한다. 예로 '우리 회사 대표에 대한 사원들의 시각은 다양했다.'는 '우리

회사 대표를 보는 사원들의 시각은 다양했다.'로 바꾸는 것이 좋
다. 습관적으로 '−에 대한'을 쓰면 글쓰기는 편하다. 그러나 이런
표현은 고급스럽지 못하다. 반복어를 피하려면 같은 의미의 다양
한 어휘들을 숙지해야 한다.

과장을 억제한다

조금 느낀 것을 많이 느낀 것처럼, 조금 아는 것을 많이 아는
것처럼 과장해서 표현하는 것은 내용의 진정성을 떨어뜨린다. 또
한 '동양 최대, 세계 최고'와 같은 '최상급' 표현이나 '가장, 오직,
특별히' 와 같은 말도 되도록 쓰지 않는 것이 좋다.
우리말의 특징 중의 하나인 의성어와 의태어도 절제할 필요가
있다. '대롱대롱, 철썩철썩, 살랑살랑' 과 같은 상징어를 많이 사
용할 경우, 자칫 문장이 유치해질 수 있다.

절정의 위치를 선정한다

글을 어떤 식으로 풀어갈지도 고민해야 한다. 연역적으로 써
나갈지, 귀납적으로 전개할지에 따라 글을 쓰는 요령이 달라진
다. 한 편의 개인 서사(자전 에세이)를 쓸 때도 마찬가지다. 모든
사항이나 사건은 클라이맥스에 도달하기 위한 과정이라 할 수 있

다. 상황이나 사건의 배열은 점층적으로 배열하되, 주제가 가장
잘 드러나는 클라이맥스는 글의 후반부에 두는 게 효과적이다.
클라이맥스를 앞에 놓으면 나머지 부분을 읽을 때 맥이 빠질 수
가 있기 때문이다.

말하기와 보여주기를 적절히 구사한다

이것은 소설이나 서사수필에 해당되는 문제다. 대개의 경우
서사수필을 쓸 때에는 지나간 과거사를 말하기 방식(telling)으로
기술하기 쉽다. 말하기 진술은 독자의 상상력을 가로막는다. 글
쓴이가 다 설명해 주기 때문에 독자는 사건의 생생한 장면을 떠
올릴 것이 없게 되는 것이다. 뿐만 아니라 자칫 자기감정에 치우
쳐 '혼자 이야기하는' 구조가 되기 때문에 독자의 입장에서 보면
개인의 넋두리를 듣는 기분이 들 수가 있다. 이런 글은 좋은 글
이라 할 수 없다. 가능한 한 보여주기 방식(showing)으로 표현함
으로써 보다 생생한 현장감을 주는 것이 효과적이다. 감동은 글
쓴이의 자기도취적 감정에서 나오지 않는다. '졸지에 고아가 된
그 꼬마가 어찌나 가엾던지, 하염없이 눈물이 났다.'와 같은 문장
이 그러한 예다. 호들갑에 가까운, 글쓴이의 주관적 감정 서술은
금물이다. 감동은 현장을 직접 지켜보는 듯한 사실(fact) 묘사에
서 나온다는 점을 알아두자.

키워드를 활용한다

글은 일관성이 있어야 한다. 여러 데이터나 생각을 모아서 자기가 원하는 방향으로 글을 이끌어가야 한다. 이때 핵심어를 사용하면 글쓰기가 훨씬 쉬워진다. 예를 들어 환경에 관한 글을 쓰고 싶다면 이에 관련된 핵심어가 될 수 있는 '개발, 세제의 과다 사용, 양심, 종량제, 녹색정책' 등의 낱말을 떠올려 보는 것이다. 스트레스에 관한 글을 쓴다면 '과로, 경쟁, 1등 지상주의, 비움, 명상, 휴식, 운동' 등을 떠올리는 식이다. 이런 핵심어를 잘 활용하면 일관성을 유지하기도 쉬워진다.

매력적인 제목을 붙인다

글쓰기에서 어려운 것이 제목 달기다. 글을 쓰는 것도 어렵지만, 글에 알맞은 제목을 정하는 일은 더욱 어렵다. 제목은 글의 전체를 말해 주는 간판과 같기 때문이다. 노련한 독자는 제목만 보고도 본문 내용을 파악한다. 그만큼 제목이 중요하다. 그래서 카피라이터나 작가들은 제목을 정하는데 많은 고심을 하며 신중에 신중을 기한다. 매체 간 경쟁이 치열하고 일상이 분주한 독자를 겨냥하는 신문은 더 말할 나위가 없다.

제목 달기가 어려워지는 경우는 대개 한 편의 글 속에 주제가 둘 이상일 때이다. 이럴 땐 글의 주제를 하나로 통일시켜야 한다. 그것이 이루어졌다면 제목은 그 글 속에서 찾으면 된다. 글을 찬찬히 읽다 보면 매력적인 구절을 발견하게 될 것이다. 주제를 암시하면서도 참신하여 독자의 호기심을 자극할 수 있는 단어나 구절을 찾으면 된다. 제목은 주제를 드러낼 수 있어야 한다. 그러면서 참신하고 구체적이라야 한다. 예를 들면 '첫사랑'보다 '스무 살의 첫사랑'이 낫고, '바다'보다는 '겨울바다'가, '겨울바다'보다는 '주문진의 겨울바다'가 낫다.

논리적 사고 습관을 기른다

글은 곧 생각이다. 바꿔 말하면 그 사람의 글은 곧 그 사람의 생각이다. 따라서 논리적인 사고의 습관이 좋은 글을 만든다. 다양한 주제를 놓고 다양한 생각의 논리를 펼쳐보는 것이 좋다. 생각이라는 것은 공부처럼 특별히 자리를 마련하거나 별도의 시간을 들일 필요가 없는 것이다. 평소 차를 타고 오가는 길, 차를 마시거나 산책을 할 때 간간이 어떤 주제를 떠올리면서 나름의 생각을 정리하면 된다. 좋은 생각이나 논리가 떠오르면 키워드 중심으로나마 반드시 메모해두는 것이 좋다. 우리의 기억엔 한계가 있기 때문에, 언제라도 수첩을 펼쳐들 수 있어야 한다. 무엇보다 생각을 어떻게 마무리할 지를 항상 염두에 둬야 한다.

격(格)있는
글쓰기 훈련 365일

하나의 주제를 선택한다.

뷔페식당에 가면 한 접시에 여러 가지 음식을 담아서 먹는다. 그런데 음식을 다 먹고 나면 무엇을 먹었는지 잘 기억이 나질 않는다. 글을 쓰는 일도 마찬가지다. 한 편의 글에는 하나의 주제만 담아야 한다. 두 개 이상의 주제를 담으면 글이 흐트러져, 눈썰매장에 가서 배를 타고 바다에 가서 스키를 타는 이야기가 되어버린다. 또한 모든 내용은 주제와 연결돼야 한다. 글의 주제와 연결되지 않는 내용이 있을 경우, 통일성을 해치기 쉽다. 아무리 아깝고 공들인 문장이라도 이런 대목은 과감히 버려야 한다.

대상에 집중한다

어떤 제재에 대해서 글을 쓰려고 할 때, 우선 그 제재, 곧 대상에 대해서 거듭 사고해야 한다. 마치 수행자가 화두를 붙들고 늘어지듯이. 이렇듯 지속적이고 집중적인 사고는 언젠가 대상으로 하여금 스스로 자신의 내밀한 이야기를 당신에게 털어놓게 만들 것이다. 바로 그것을 글로 쓰면 된다. 그렇지 않고 피상적인 관찰이나 상식수준의 사고를 통해서 얻은 결과를 글로 쓴다면, 그 또한 피상적이거나 상식 수준을 넘지 못하는 글이 될 것이다.

대상의 본질에 다가가는 방법은 여러 가지가 있다. 그 중 하나는 대상을 가장 가까운 이웃 대상들과 비교, 대조하는 방법이다. 비교는 아는 대상을 통해 모르는 대상을 쉽게 이해시키고, 대상 간의 공통점을 밝히는데 효과적이다. 반대로 대조는 친근한 대상과의 차이를 밝혀 대상의 특성을 이해시킬 때 효과적이다. 따라서 비교와 대조는 표현기법 이전에 효과적인 사고의 방법이기도 하다. 나도향은 그믐달의 본질에 도달하기 위해서 보름달과 초승달을 끌어다가 비교하고 대조했다. 그 결과 그는 그믐달의 본질에 접근할 수 있었고, 한국현대수필문학사에 길이 남을 〈그믐달〉이란 수필 한 편을 남길 수 있었다.

적정한 거리를 확보한다

　대상의 본질을 파악하는 데는 집중적인 사고만으로 되는 것은 아니다. 대상을 어느 지점에서 보느냐 하는 '대상과의 거리' 또한 중요하다. 여기서 거리란 심리적 거리를 말한다. 심리적 거리를 너무 가까이 잡으면 대상이 제대로 보이지 않는다. 가까이 잡는다는 것은 지나치게 감정에 치우친다는 의미도 된다. 그렇게 되면 자칫 감상에 빠지기 쉽다. 반대로 심리적 거리를 너무 멀리 잡으면 대상의 세부는 보이지 않고 전체만 보인다. 즉, 머리로만 대상을 보지 말라는 뜻이다. 대상의 윤곽만 그린 그림에선 어떤 감동을 느끼기가 쉽지 않다. 글도 마찬가지이다.

　알맞은 거리란 대상의 본질이 가장 잘 보이는 거리이다. 그 지점에서 대상을 봤을 때 대상의 전모뿐만 아니라 세부까지 보인다. 흔히 수필을 '관조의 문학' 이라 하는데, 이 관조가 대상을 보기에 가장 알맞은 거리이다. 관조(觀照)란 감정에 치우치지 않은 안정된 마음의 상태로 사물을 본다는 뜻이다.

　관조라는 말을 달리 명경지수(明鏡止水)의 마음으로 본다는 말로 바꿀 수도 있다. 즉, 마음을 맑은 거울 같이 하고 잔잔한 물 같이 했을 때, 대상의 본질이 제대로 보인다는 이야기이다. 이것이 관조이며, 대상을 제대로 파악하기에 가장 알맞은 거리다. 편견이나 선입견은 거울에 낀 때와 같고 감정에 치우친 마음은 여울목과 같다. 사물의 본질을 제대로 보기 위해서는 시간적 거리의 확보도 필요하다. 시간적 거리가 때로 심리적 거리와 같은 효과를 내기도 한다. 간밤에 겪은 일을 흥분된 상태에서 썼다면, 그것을 바로 신문사에 투고하거나 발표하지 않는 것이 좋다. 감정에 치우친 글이 될 수 있기 때문이다. 때론 시간적인 거리가 사물을 제대로 보게 한다.

시제를 일치시킨다

영어나 외국어 학습 때는 시제를 엄격히 지키면서 우리말로 글을 쓸 때는 시제를 무시하는 경우가 흔하다. 심하면 우리말에 시제가 있느냐고 묻는 사람도 있다. 이런 현상은 수필에서만 있는 것이 아니다. 소설에서도 마찬가지다.

우리말의 시제는 서구어처럼 복잡하지 않다. 말을 하는 시간인 '발화시(發話時)'를 기준으로 그보다 이전에 일어난 사건은 과거, 말하는 순간에 일어난 사건은 현재, 발화시보다 나중에 일어날 사건을 미래라고 한다. 이밖에 '동작상(動作相)'이 있는데, 동사나 형용사의 어간에 '-고'를 붙인 다음 '있다'를 연결시켜, '가고 있다'로 하면 진행이 되고, 동사나 형용사의 어간에 '-아/-어'를 붙인 다음 '있다'를 연결시키면 '가 있다'처럼 완료형이 된다.

시제는 필연성에 의해 바뀌어야 한다. 시제의 혼란은 글의 일관성을 해칠 뿐만 아니라, 사건의 경과를 파악하는데 어려움을 준다. 발화시에 일어난 사건 외에 다음과 같은 경우는 현재 시제를 쓴다.

① 영원한 진리 : 지구가 돈다.

② 습관 : 그는 가끔 그 찻집에 들르곤 한다.

③ 성격 : 그는 매우 정직하다

④ 표현을 생동감 있게 하고자 할 때 : 일어난 사건이 과거에 일어난 것이더라도, 특별히 현장감을 주기 위해서는 현재 시제로 쓰면 효과적이다.

낯설게 보고 낯설게 말한다

이것은 남과는 다른 시각으로 대상을 보고 그것을 개성 있는 언어로 표현하라는 이야기이다. 관습적이거나 사회통념으로 대상을 보고 그것을 쓰면 진부한 글이 되기 때문이다. 문학의 본질 중 하나는 참신성에 있다. 참신하고 개성 있는 글이 되기 위해서는 나만의 시각으로 봐야하고 나만의 언어로 표현해야 한다. 이것이 문학에서 말하는 '낯설게 보기'와 '낯설게 하기'다.

개성적 시각에는 현미경으로 보는 것과 같은 미시적인 시각도 있고, 망원경으로 보는 거시적인 시각도 있으며, 대상을 비틀어보는 풍자적인 시각도 있고, 뒤집어 보는 비판적인 시각도 있다. 예를 들어 대나무를 제재로 수필을 쓰면서 '지조와 절개'를 드러내려 한다면 그 글은 개성이 결여된, 진부한 수필이 되고 만다. 대나무라는 대상, 즉 텍스트를 자기만의 독특한 시각으로 봐야 한다. 그런데 대나무를 지조나 절개의 상징으로 보는 것은 그

자체가 진부한 것이 아니라, 지금까지 수많은 사람들이 대나무의 속성을 그렇게 규정했기 때문이다. 최초로 대나무에서 지조나 절개를 속성으로 본 사람은 매우 참신한 시각을 가진 사람이다. 그러나 그런 속성이 일반화가 되었기 때문에 진부한 것이 되고 말았다. 그러므로 진부한 것과 참신한 것은 상대적인 것이다. 이미 많은 사람들이 속성을 규정한 것을 그대로 따라가는 것이 진부한 것이지, 대상을 어떻게 바라보느냐 하는 것 그 자체에 진부와 참신이 있는 것은 아니다. 따라서 남들과 다르게 보고, 남들과 다르게 표현하는 '낯섦'은 '참신'의 다른 말이기도 하다.

충분한 퇴고를 거친다

아무리 좋은 글이라도 중간 중간에 맞춤법이 틀리거나 문맥이 맞지 않으면, 좋은 글의 요건을 갖췄다고 할 수 없다. 퇴고가 중요한 이유다. 물론 퇴고를 하지 않는 사람은 많지 않다. 적게 하느냐 많이 하느냐의 차이가 있을 뿐이다. 퇴고를 제대로 하지 않으면 설익은 음식을 식탁에 올리는 것과 같다. 소설가 최인훈 씨는 그의 대표작 '광장'을 일곱 번 출판했는데, 그때마다 퇴고를 했다고 한다. 헤밍웨이는 '무기여 잘 있거라'의 마지막 장을 44번이나 고쳐 썼다고 한다. 확실한 단어 사용으로 이야기의 완결성을 높이기 위해서다. 성실한 퇴고는 독자에 대한 의무인 동시에 자기 작품에 대한 애정이다.

그믐달

나 도 향

나는 그믐달을 몹시 사랑한다.

그믐달은 요염하여 감히 손을 댈 수도 없고, 말을 붙일 수도 없이 깜찍하게 예쁜 계집 같은 달인 동시에 가슴이 저리고 쓰리도록 가련한 달이다.

서산 위에 잠깐 나타났다 숨어 버리는 초생달은 세상을 후려 삼키려는 독부가 아니면 철모르는 처녀 같은 달이지마는, 그믐달은 세상의 갖은 풍상을 다 겪고, 나중에는 그 무슨 원한을 품고서 애처롭게 쓰러지는 원부와 같이 애절하고 애절한 맛이 있다.

보름에 둥근 달은 모든 여화와 끝없는 숭배을 받는 여왕과 같은 달이지만는, 그믐달은 애인을 잃고 쫓겨남을 당한 공주와 같은 달이다.

초생달이나 보름달은 보는 이가 많지마는, 그믐달은 보는 이가 적어 그만큼 외로운 달이다. 객창 한등에 정든 임 그리워 잠 못 들어 하는 분이나, 못견디게 쓰린 가슴을 움켜잡은 무슨 한 있는 사람이 아니면 그 달을 보아주는 이가 별로이 없을 것이다.

그는 고요한 꿈나라에서 평화롭게 잠들은 세상을 저주하며, 홀로이 머리를 풀어뜨리고 우는 청상과 같은 달이다. 내 눈에는 초생달 빛은 따뜻한 황금빛에 날카로운 쇳소리가 나는 듯하고, 보름달은 치어다보면 하얀 얼굴이 언제든지 웃는 듯하지마는, 그믐달은 공중에서 번 듯 하는 날카로운 비수와 같이 푸른빛이 있어 보인다. 내가 한 있는 사람이 되어서 그러한지는 모르지마는, 내가 그 달을 많이 보고 또 보기를 원하지만, 그 달은 한 있는 사람만 보아주는 것이 아니라 늦게 돌아가는 술주정꾼과 노름하다 오줌 누러 나온 사람도 보고, 어떤 때는 도둑놈도 보는 것이다.

어떻든지, 그믐달은 가장 정 있는 사람이 보는 중에, 또한 가장 한 있는 사람이 보아 주고, 또 가장 무정한 사람이 보는 동시에 가장 무서운 사람들이 많이 보아 준다.

내가 만일 여자로 태어날 수 있다 하면, 그믐달 같은 여자로 태어나고 싶다.

구조화가 잘된 글의 예문
―게티스버그 연설문

●

링컨의 〈게티스버그 연설〉 원고에 대하여

미국 남북전쟁(1861~1865)이 진행되고 있던 1863년 11월 19일, 링컨은 전쟁의 전환점이 된 혈전지 게티스버그(펜실베이니아주)를 방문하고 전몰자 국립묘지 봉헌식에 참석한다. 그 식전에서 그는 불과 2분 간의 짧은 연설을 행하는데, 그것이 그 유명한 '게티스버그 연설'이다. 이 연설문은 다음날 게티스버그 신문에 실리고 미국사의 기념비적 텍스트의 하나로 전해지게 된다.

불과 266 단어로 된 이 짧은 연설문이 유명한 것은 그 짧은 길이 때문이 아니다. 미국이라는 나라의 명분을 몇 마디 말 속에 간결하게 압축하고, 남북전쟁의 의미와 자유의 가치, 민주정부의 원칙을 그 핵심에서 포착, 제시하고 있기 때문이다. 정치 지도자의 연설치고 이처럼 간결하면서도 강력하고 쉬운 말을 쓰면서도 감동적일 수 있었던 예는 거의 없다는 게 정설이다. 이 연설은 마치 한 편의 시처럼 탄생·죽음·재탄생이라는 상징적 구조를 갖고 있다. '탄생'의 상징적 이미지는 미국 건국을 '잉태'와 '출산'이라는 말로 표현한 첫 줄에 나타난다. '죽음'의 이미지는 게티스버그에서 '목숨을 바친' 사람들, '명예로이 죽어간 사람들'과 그들을 위한 '마지막 안식처' 같은 말들로 표현되고, 여기에는 그들을 죽게 한 것이 미국의 건국 이상에 가해진 시련과 죽음의 유혹이라는 암시도 들어 있다. '재생'의 이미지는 신의 가호 아래 미국이 '새로운 자유의 탄생'을 다시 보게 될 것이라는 구절, 그리고 마지막 절—인민의, 인민에 의한, 인민을 위한 정부는 이 지상에서 결코 사라지지 않을 것이라는 불멸성의 다짐 속에 나타나 있다.

이 연설문은 많은 일화를 갖고 있다. 링컨에 앞서 두 시간 연설했던 웅변가 에드워드 에버렛(Edward Everett)이 '나는 두 시간을 연설했고 당신은 2분 간 연설했습니다. 그러나 나의 두 시간 연설이 묘지 봉헌식의 의미를 당신의 2분 연설처럼 그렇게 잘 포착할 수 있었다면 얼마나 좋았겠습니까?'라고 탄식했다는 것도 그런 일화 가운데 하나다.

링컨이 신임했던 기자 노아 브룩스(Noah Brooks)에 따르면, 봉헌식 며칠 전 백악관 집무실에서 링컨은 '연설문을 초안했으나 아직 완성하지는 못했다.'고 말했다 한다. 링컨의 성격, 연설문이 지닌 고도의 짜임새, 어휘 선택과 수사적(修辭的) 구도 등을 보면, 이 연설문은 한 순간의 영감 어린 작품이기보다는 그가 상당한 시간을 바쳐 조심스레 작성한 문건이라는 판단을 갖게 한다.

Abraham Lincoln's Gettysburg Address(Nov.19, 1863)

Four score and seven years ago our fathers brought forth on this continent a new nation, conceived in liberty, and dedicated to the proposition that all men are created equal.

Now we are engaged in a great civil war, testing whether that nation, or any nation, so conceived and so dedicated, can long endure. We are met on a great battle-field of that war. We have come to dedicate a portion of that field, as a final resting place for those who here gave their lives that nation might live. It is altogether fitting and proper that we should do this.

But, in a larger sense, we can not dedicate, we can not consecrate, we can not hallow this ground. The brave men, living and dead, who struggled here, have consecrated it, far above our poor power to add or detract. The world will little note, nor long remember what we say here, but it can never forget what they did here. It is for us the living, rather, to be dedicated here to the unfinished work which they who fought here have thus far so nobly advanced. It is rather for us to be here dedicated to the great task remaining before us—that from these honored dead we take increased devotion to that cause for which they gave the last full measure of devotion—that we here highly resolve that these dead shall not have died in vain—that this nation, under God, shall have a new birth of freedom— and that government of the people, by the people, for the people, shall not perish from the earth.

– 링컨의 게티스버그 연설 〈전문〉

아브라함 링컨의 게티스버그 연설(1863. 11. 19)

"지금으로부터 87년 전 우리의 선조들은 이 대륙에서 자유 속에 잉태되고 만인은 모두 평등하게 창조되었다는 명제에 봉헌된 한 새로운 나라를 탄생시켰습니다.

우리는 지금 거대한 내전에 휩싸여 있고 우리 선조들이 세운 나라가, 아니 그렇게 잉태되고 그렇게 봉헌된 어떤 나라가, 과연 이 지상에 오랫동안 존재할 수 있는지 없는지를 시험받고 있습니다. 오늘 우리가 모인 이 자리는 남군과 북군 사이에 큰 싸움이 벌어졌던 곳입니다. 우리는 이 나라를 살리기 위해 목숨을 바친 사람들에게 마지막 안식처가 될 수 있도록 그 싸움터의 땅 한 뙈기를 헌납하고자 여기 왔습니다. 우리의 이 행위는 너무도 마땅하고 적절한 것입니다.

그러나 더 큰 의미에서, 이 땅을 봉헌하고 축성하며 신성하게 하는 자는 우리가 아닙니다. 여기 목숨 바쳐 싸웠던 그 용감한 사람들, 전사자 혹은 생존자들이, 이미 이곳을 신성한 땅으로 만들었기 때문에 우리로서는 거기 더 보태고 뺄 것이 없습니다. 세계는 우리가 여기 모여 무슨 말을 했는가를 별로 주목하지도, 오래 기억하지도 않겠지만 그 용감한 사람들이 여기서 수행한 일이 어떤 것이었던가는 결코 잊지 않을 것입니다. 그들이 싸워서 그토록 고결하게 전진시킨, 그러나 미완으로 남긴 일을 수행하는데 헌납되어야 하는 것은 오히려 살아 있는 우리들입니다. 우리 앞에 남겨진 그 미완의 큰 과업을 다 하기 위해 지금 여기 이곳에 바쳐져야 하는 것은 우리들 자신입니다. 우리는 그 명예롭게 죽어간 이들로부터 더 큰 헌신의 힘을 얻어 그들이 마지막 신명을 다 바쳐 지키고자 한 대의에 우리 자신을 봉헌하고, 그들이 헛되이 죽어가지 않았다는 것을 굳게 다짐합니다.

신의 가호 아래 이 나라는 새로운 자유의 탄생을 보게 될 것이며, 국민의, 국민에 의한, 국민을 위한 정부는 이 지상에서 결코 사라지지 않을 것입니다."

* 번역 : 도정일(경희대 영문과 교수)

06

진실의 미학,
수필문장을 둘러싼 담론

문장은 곧 인생이다

문장(文章)은 어떤 글의 장르라도 매우 중요한 것이지만, 짧은 글인 수필에 있어서는 전부라 해도 과언이 아니다. '문장은 바로 사람이다'라는 말이 있듯이, 문장은 곧 인생 경지의 총체적인 모습을 나타낸다.

좋은 글을 쓰려면 마음을 맑게 하는 것이 먼저다

영혼이 맑지 않으면 사물을 관조할 수도 없으며 진실한 대화를 나누기도 어렵다. 수필은 자신의 삶을 꾸밈없이 거울에 비춰 놓은 글이기에, 마음이 거울처럼 깨끗하지 않고선 자신의 모습조차 비춰 보일 수 없을 것이다.

문장의 연마는 하루아침에 이루어지지 않는다

문장의 연마는 바로 인생수련에서 얻어지는 것. 기교는 부단한 쓰기 훈련 끝에 얻게 되지만, 인생의 깨달음과 삶의 이치, 나아가 인생의 멋과 향훈은 고결한 인품과 아름다운 삶에서만이 얻어진다.

문장은 진실해야 한다

진실의 힘, 진실의 미가 글의 생명이다. 특별히 수필은 소설처럼 허구일 수 없는, 개인이 체험한 진솔한 인생의 발견이며 인생의 의미와 해석이 담겨 있다. 사람들이 수필을 즐겨 찾는 이유다. 진실의 토로, 진실의 호소, 진실의 독백이 글을 빛나게 한다.

허황된 미사여구는 금물, 간결한 문장일수록 좋다

지나친 형용사와 부사의 사용은 오히려 진실을 가리게 한다. 형용사와 부사의 남발은 자신의 모습을 더욱 돋보이게 하기 위해 화장과 치장에 애쓰는 것과 같다. 이런 과시, 체면, 허위, 유혹, 눈속임을 떨쳐 버려야 한다. 형형색색의 단풍을 떨쳐 버리고 겨울 언덕에 홀로 서 있는 나무의 모습처럼 진실의 알몸, 내면의 모습을 드러내기 위해선 문장이 간결해야 한다. 간결한 문장은 힘이 있고 아름답다.

문장은 쉬워야 한다

알기 쉬운 문장이 좋은 글이며, 작가의 의도나 정서가 자연스럽게 전달되는 글이 좋은 글이다. 미사여구로 문장을 칭칭 감는 것보다 차라리 솔직하고 담백한 언어를 사용하는 게 좋다. 가장 쉽고 자연스러운 글, 모두가 공감하는 글이 최상의 문장이다.

개성적인 문장이어야 한다

수필은 자신의 개성과 인격의 반영이며, 사상의 표현이다. 그러므로 작가의 특성과 독자성이 깃든 문장을 사용하는 것이 무엇보다 중요하다.

수필은 시와 소설의 중간 위치에 있는 글이다

시의 장점인 운율과 비유를 취하고 소설의 장점인 사실적 묘사와 줄거리를 취하여 가장 이상적인 문장을 만들어 가야 한다. 수필 문장은 시와 소설의 중간에서 두 장르의 특성과 장점을 취하여 조화시킨 이상적인 글이다.

명확하게 표현해야 한다

그림을 그리듯이 명확하게 표현해야 한다. 그리고, 그러나, 그런데 따위의 접속어 사용을 남발하지 않는 게 좋다. 추상적인 표현 대신 구체적인 설명을, 전문용어 대신 평범한 말을 사용하는 것이 바람직하다.

문장은 가락을 살리는 게 좋다

작가마다 개성이 있듯이 문장에도 호흡과 가락이 있다. 자연스럽게 읽을 수 있게 독자와 함께 호흡을 맞출 수 있게 문장의 가락을 살려야 한다.

첫머리는 첫인상이다

첫머리엔 전체 내용을 압축하여 그 윤곽을 전해 주는 모습, 분위기, 끌림이 있어야 한다. 문장에 있어서 서두야말로 글의 성패를 좌우한다.

여운이 있어야 한다

작가가 단정적으로 결론을 내 버리면 글의 여운을 느끼기 어렵다. 독자에게 상상력을 부여하여 생각하게 하는 글이 되게 해야 한다.

품위가 있어야 한다

자신의 성공담을 길게 풀어가는 것, 과시, 자랑 등은 삼가는 것이 좋다. 은어나 비속어 등은 글쓴이의 인품을 깎아 내린다. 글에서는 글쓴이의 향기가 우러나야 한다.

인격의 향기가 우러나야 한다

수필은 글쓴이의 인생이므로 글에서 인격의 향기가 우러나야 한다. 그러므로 인격의 도야에 힘을 쏟는 것이 중요하다.

교훈적, 직설적 표현은 피하는 것이 좋다

수필은 간접적이고 은근하게 접근하는 것이 훨씬 설득력을 갖는다. 독자를 가르치려는 문장이나 직선적인 문장은 거부감을 주기 쉽다.

07

잘 쓴 글 한 줄로
상대 마음을 사로잡는 법

광고문이나 제안서 등과 같이 남을 설득하는 문서를 작성해본 사람이라면, 짜임새 있게 글을 잘 쓰기가 쉽지 않다는 사실을 알 것이다. 대다수의 직장인들은 매일 문서작성의 어려움과 씨름하며 살아간다. 그러기에 흥미롭고 짜임새 있게 잘 쓴 글을 발견하면 눈이 번쩍 뜨이고 글쓴이에게까지 매력을 느끼게 된다.

훌륭한 글과 횡설수설 핵심이 없는 글의 차이는 이렇듯 사람들에게 인정을 받고 새로운 기회를 잡느냐 그렇지 않느냐를 판가름할 정도로 엄청나게 다른 결과를 가져온다. 특별히 인간관계를 중요시 하며 정보력이 강한 사람이라면, 주변 사람에게 정보를 제공하고 남을 설득하는 문서 작성에 탁월한 능력을 갖출 필요가 있다.

글을 쓰기 전에 가장 먼저 고려해야 할 사항은 자신이 어떤 목적으로 무슨 말을 전하고자 하는지를 충분히 생각하고 머릿속에 정리해 두는 일이다. 핵심 내용을 중심으로 짜임새 있게 작성한 글은 우선 편하게 읽히고 이해하기가 쉽다. 또 읽는 이의 마음을 사로잡아 곧바로 요점으로 이끈다. 특히 읽는 이의 관심을 끌려면 내용이 흥미롭고 짜임새가 있어야 한다. 어떤 형식의 글이건, 글을 쓰는 사람은 자기 기분에 도취되지 않고 시종 읽는 이의 관점에서 그들의 생각과 눈높이에 맞춰 써나가는 것이 중요하다.

논리적으로 쓴다

설득력 있는 문서는 우선 구성이 탄탄하기도 하지만, 무엇보다 사실과 논리에 기반을 두고 있어야 한다. 비논리적이거나 추론이 깔린 글은 아무도 설득할 수 없다. 전문가들에 따르면, 글을 쓸 때 가장 흔하게 범하는 오류가 추론 중간에 어떤 단계를 빠뜨린 채 진행하는 논리의 비약이다. 이런 논리 비약적인 글은 쓰는 사람은 모르고 지나갈 수 있으나 읽는 사람의 눈에는 두드러지는 경우가 많다. 따라서 완성한 문서를 제출하거나 발송하기 전에 객관적으로 읽을 수 있는 사람에게 부탁해 검증을 받는 것이 좋다.

글쓰기의 달인들은 이런 논리력에 바탕을 두되 감성에 호소하는 글을 작성함으로써 상대를 자신의 목표로 끌어들인다. 즉 자신의 제안을 채택함으로써 얻게 되는 이익, 그 일을 추진함으로써 돌아오는 대가가 무엇인지를 명확하게 제시한다. 또 자신의 아이디어가 믿을 만하고, 자신이 제시하는 접근 방법이 다른 방식보다 낫다는 점을 충분히 납득시킨다.

쉬운 말로 믿음이 가는 글을 쓴다

이메일, 보고서, 제안서 등의 문서 작성 시 글 형식은 조금 다를지라도 기본 원칙은 같다. 우선 상대가 가장 중요하게 여길 만한 사항을 골라 중요한 논점 순서대로 기술하되, 자신이 전하고자 하는 메시지가 한 눈에 들어올 수 있도록 구성하는 것이 핵심이다. 그렇게 하면 상대가 우선시하는 일이 무엇인지 알고 있다는 점을 보여줄 수 있다.

대부분 사람들은 공식적인 문체보다 친근한 어투로 쓰인 글을 좋아한다. 그러므로 글을 쓸 때는 사람들이 매일 쓰는 쉬운 단어들을 사용하고, 카피라이터들이 쓴 광고 문안처럼 간결한 문장을 쓰는 것이 좋다. 어려운 낱말과 복잡한 문장으로 상대를 감격시키겠다는 생각은 일찌감치 버려야 할 것이다. 쉽고 간결하게 쓴 문장이야말로 가장 믿음과 설득력이 강한 글이다.

효과적인 문서편집 기술을 활용한다

완성한 글의 내용이 짜임새와 논리력을 갖추고 있다 하더라도 독자의 눈길을 사로잡기 위해서는 글을 읽기 좋게 배열하고 포장하는 센스 또한 필요하다. 사람들은 대체로 첫 인상을 중요시한다. 글도 마찬가지다. 열심히 고민하고 써서 보낸 문서가 시각적으로 볼품이 없다면, 상대는 끝까지 읽지 않을 수도 있다. 하루에도 수십 수백 개의 메일을 받으며 자료의 홍수 속에서 살고 있기 때문이다.

그러므로 시선을 붙드는 제목, 문서의 배치 및 편집, 문서 내용을 보완해줄 수 있는 도표나 그래픽 등을 적절하게 사용하는 것도 효과적인 문서 전달 요령이다. 특히 활자체 선택이 중요하며, 시선을 붙드는 제목을 이용해 핵심 메시지를 전달하는 방법은 매우 유용하다. 눈에 띄는 활자체를 사용한 데다 편집이 뛰어난 문서는 단연 돋보이게 된다. 센스 있는 사람은 자신의 문서 정보를 좀 더 쉽고 재미있게 전달하기 위해 이러한 기술을 동원할 줄 안다.

주요 신문이나 고급 잡지(사보)들을 보면, 쉽고 재미있게 읽히는 글들이 자주 눈에 들어올 것이다. 유능한 저널리스트들은 자신이 전하고자 하는 메시지를 압축해서 흥미롭게 전달하는 기술이 탁월하다. 평소 그들의 글을 열심히 읽고 쓰기훈련을 꾸준히 하다 보면, 누구라도 탁월한 글을 쓸 수 있게 될 것이다.

부록

🍀 희망을 노래하는 책

* **기꺼이 길을 잃어라** | 로버트 커슨, 열음사

* **꽃들에게 희망을** | 트리나 폴러스, 시공주니어

* **죽음의 수용소에서** | 빅터 프랭클, 청아출판사

* **내 인생을 바꾼 한 권의 책** | 잭 캔필드 외, 리더스북

* **인간의 본성에 대한 풍자 511** | 라로슈푸코, 나무생각

* **사람은 무엇으로 사는가** | 톨스토이 단편집, 인디북

* **희망의 인문학** | 얼 쇼리스, 이매진

* **나무의 철학** | 로베르 뒤마, 동문선

* **사막의 꽃** | 와리스 디리, 캐틀린 밀러, 섬앤섬

* **친구** | 쟈핑와, 이레

◈ 우리의 정체성을 찾게 해주는 책

* **인생수업** | 류시화 옮김, 이레
* **아듀** | 엠마뉘엘 수녀, 오래된 미래
* **유배지에서 보낸 편지** | 박석우, 창비
* **동양철학 에세이** | 김교빈 외, 동녘
* **섬** | 장 그르니에, 민음사
* **어린왕자** | 생떽쥐페리, 비룡소
* **호밀밭의 파수꾼** | 제롬 데이비드 샐린저, 민음사
* **당신의 삶은 누가 통제하는가** | 김인자 역, 한국심리상담연구소
* **동서의 피안** | 우징슝, 가톨릭출판사
* **래디컬** | 데이비드 플렛, 두란노

◈ 사회와 정의를 말하는 책

* **세계화를 둘러싼 불편한 진실** | 카를 알브레히트 이멜, 현실문화
* **조선의 발칙한 지식인을 만나다** | 정구선, 애플북스
* **닥터 노먼 베쑨** | 테드 알렌/시드니 고든, 실천문학사

* **체 게바라 평전** | 장 코르미에, 실천문학사

* **살아있는 한국사 교과서** | 한국역사교사모임, 휴머니스트

* **잠들지 못하는 역사, 조선왕릉 1, 2** | 이우상, 다할미디어

* **조선 아고라** | 이한, 청아출판사

* **그 저녁은 두 번 오지 않는다** | 이면우, 북갤럽

◈ 창의력 & 예능감을 키워주는 책

* **생각의 지도** | 리처드 니스벳, 김영사

* **젊음의 탄생** | 이어령, 생각의 나무

* **생각의 탄생** | 로버트 루트번스타인, 에코의 서재

* **한국의 미 특강** | 오주석, 솔

* **천년의 음악 여행** | 존 스탠리, 예경

* **신화의 힘** | 조셉 캠벨, 이끌리오

* **일상, 그 매혹적인 예술** | 에릭 부스, 에코의 서재

* **창의성에 관한 11가지 생각** | 황준욱 외, 고려대출판부

* **꽃피는 삶에 홀리다** | 손철주, 오픈하우스

* **자전거여행1,2** | 김훈, 문학동네

* **상상망치** | 강우현, 여성신문사

* **미학산책**

◈ 이야기 쓰기에 도움을 주는 책

* **스콧 니어링 자서전** | 스콧 니어링, 실천문학사

* **아우구스티누스의 '고백록'**

* **생의 수레바퀴** | 엘리자베스 퀴블러로스

* **내 슬픈 전설의 49페이지** | 천경자, 랜덤하우스

* **나의 해방 전후 1940–1949** | 유종호, 민음사

* **즐거운 나의 집** | 공지영, 푸른 숲

* **거꾸로 가는 시내버스** | 안건모, 보리

책을 쓰는데 도움 받은 문헌들

이태준의 『문장강화』 | (랜덤하우스, 2005)

배상복의 『문장기술』 | (랜덤하우스, 2004)

한상렬의 『수필, 바로 보기와 창작의 실제』 | (도서출판 올인)

성석제의 『성석제가 찾은 맛있는 문장들』 | (창비, 2009)

도정일의 『글쓰기의 최소원칙』 | (경희대학교 출판국, 2008)

파울로코엘료의 『연금술사』 | (문학동네, 2001)

스티븐 킹의 『유혹하는 글쓰기』 | (김영사, 2002)

정민의 『다산선생 지식경영법』 | (김영사, 2006)

나탈리 골드버그의 『뿌리까지 내려가서 써라』 | (한문화, 2012)

최수묵의 『기막힌 이야기, 기막힌 글쓰기』 | (교보문고, 2011)

안수찬의 『스트레이트를 넘어 내러티브로』 | (한국언론재단, 2007)

스콧니어링의 『스콧니어링 자서전』 | (실천문학사, 2000)

스콧 니어링 · 헬렌 니어링의 『조화로운 삶』 | (보리, 2000)

티모시 윌슨의 『스토리』 | (웅진지식하우스, 2012)

스튜어트 다이아몬드의 『어떻게 원하는 것을 얻는가』 | (8.0, 2011)

박웅현의 『책은 도끼다』 | (북하우스, 2011)

김열규의 『아흔 즈음에』 | (휴머니스트, 2014)

고미숙의 『몸과 인문학』 | (북드라망, 2013)

신웅진의 『바보처럼 공부하고 천재처럼 꿈꿔라』 | (크레용하우스, 2012)

김의식의 『세계를 가슴에 품어라』 | (명진출판사, 2008)

장 코르미에의 『체 게바라 평전』 | (실천문학사, 2005)

알레이다 마치의 회고록 『체, 회상』 | (랜덤하우스, 2008)

빅터 프랭클의 『죽음의 수용소에서』 | (청아출판사, 2005)

송숙희의 『당신의 책을 가져라』 | (국일미디어, 2007)

봉은희 · 서필환의 『인맥의 달인을 넘어 인맥의 신이 되라』 | (가림출판, 2008)

정승아의 『콤플렉스는 나의 힘』 | (좋은책만들기, 2010)

조세희의 『난장이가 쏘아올린 작은 공』 | (이성과힘, 2000)

임승수의 『삶은 어떻게 책이 되는가』 | (한빛비즈, 2014)

이기영의 『작은 사람 권정생』 | (단비, 2014)

임재성의 『미래 자서전으로 꿈을 디자인하라』 | (랜덤하우스코리아)

『평생교육원 독서지도사과정』 교재 | (순천향대학교, 2010)

〈사람과 이야기〉 『조선일보』 기사 | (2009.6.12. 사회면)

〈이랑의 꿈 찾는 직업 이야기〉 『한겨레』 기사 | (2012.9.3. 사회면)

〈고미숙이 말하는 몸과 우주〉 『동아일보』 기사 | (2012.10.23)

〈이지현기자의 힐링노트-빵과 벽돌〉 『국민일보』 기사 | (2013.8.17. 29면)

〈인생의 마지막, 아흔에 관하여〉 『경남신문』 기사 | (2014.1.28.)

〈30년 지났지만 불의와 불평등은 왜 끝나지 않는가〉 『한겨레』 기사 | (2014.5.15.)

〈꿈 공유하는 아이들의 모임〉 『영남일보』 기사 | (2014.08.06. 10면)

오피니언 칼럼 〈독서의 힘〉 『충청투데이』 기사 | (2014.7.29. 16면)

세상은
당신의 이야기를
기다린다

봉은희 작가의 북코칭